Einstein & Kardec

Nelson Moraes

Einstein & Kardec

Aliança

1ª edição, 1ª reimpressão, abril/2012, do 3º ao 5º milheiro

Título
Einstein & Kardec

Autor
Nelson Moraes

Diagramação
Alline Garcia Bullara

Capa
Alline Garcia Bullara

Impressão
Yangraf Gráfica e Editora

Ficha Catalográfica

Dados Internacionais de Catalogação na Publicação (CIP)
— Câmara Brasileira do Livro | SP | Brasil —

Moraes, Nelson
Einstein & Kardec / Nelson Moraes;
São Paulo : Editora Aliança, 2011.

Bibliografia
ISBN: 978-85-88483-69-9 / 160 páginas

1. Ficção Brasileira
I. Moraes, Nelson. II. Título.

11-07190 CDD-869.93

Índice para catálogo sistemático:

1. Ficção: Literatura brasileira 869.93

Editora Aliança
Rua Major Diogo, 511 - Bela Vista - São Paulo - SP
CEP 01324-001 | Tel.:(11) 2105-2600 | Fax: (11) 2105-2626
www.editoraalianca.com.br | editora@editoraalianca.com.br

Sumário...

Do Autor...

Albert Einstein nasceu em Ulm, pequena cidade ao sul da Alemanha, em 14 de março de 1879, dez anos após o desencarne de Allan Kardec.

Desencarnou em 18 de abril de 1955, no dia em que comemoramos 98 anos do lançamento de *O Livro dos Espíritos*.

Segundo os historiadores, quando criança sofreu muito com as constantes mudanças de cidade e com as falências das empresas do seu pai. Enfrentou o autoritarismo da escola alemã e os preconceitos raciais tão intensos naquela época. Para a Matemática e as Ciências Naturais, ele era mais do que bemdotado, possuidor de grande intuição e habilidade lógica; porém, para as disciplinas que exigiam capacidade de memória era um fracasso! Seus familiares acreditavam até que ele possuia algum tipo de dislexia.

Provavelmente, essa dislexia foi providencial, pois se um Espírito dotado da evolução espiritual de Albert Einstein dispusesse de um cérebro sem nenhum impedimento, poderia resgatar lembranças de sua vida passada, as quais provavelmente atrapalhariam a sua missão no campo da Ciência, pois reacenderia de uma forma muito mais intensa, a sua paixão pelo transcendente, com o qual, certamente, esteve envolvido toda uma vida no passado. Essa deficiência na capacidade de memorização foi superada pela intuição, a qual possuía bastante desenvolvida.

Um espírito dessa envergadura geralmente renasce em lugares cuja cultura e costumes contribuam para que não haja uma associação com a cultura e com os cenários da vida pregressa, ficando assim livre de influências que acentuariam suas tendências, as quais poderiam levá-lo a se envolver com as mesmas questões a que se dedicou no passado.

Prêmio Nobel de Física em 1921, fugindo da Alemanha nazista, chega aos EUA em 17 de outubro de 1933, época em que se interessa por três temas: teoria da relatividade geral, teoria do campo unificado e fundamentos da mecânica quântica.

Alan Whyte e Peter Daniels, autores do livro O FBI e Albert Einstein, publicado em 2002, baseado em um dossiê secreto do FBI, revelam uma campanha de 22 anos de espionagem e calúnias do FBI contra Albert Einstein.

Segundo esse dossiê, sua vida esteve constantemente sob a vigilância do FBI que não queria que o mesmo viesse conquistar popularidade entre os norte americanos, pois suas ideias pacifistas, antiraciais e humanistas, não se enquadravam à política adotada pelo governo americano.

O esforço para denegrir a imagem do sábio cientista foi muito acirrado; o fracasso do seu primeiro casamento contribuiu para que lhe atribuíssem atos e afirmações que não condiziam com a sua conduta e o seu caráter.

Temos de considerar que na história dos grandes homens, sempre surgiram boatos construídos nos celeiros da inveja e da vaidade humana, prática comum aos adversários do sucesso alheio. Também é muito comum a construção do mito por parte dos apaixonados.

Todavia, biógrafos como Abraham Pais (que privou da sua amizade), Gerald Holton, Jürgen Renn, Robert Schulmann e Phillip Frank constituem fontes fidedígnas, a partir das quais podemos repor a verdade histórica.

Seu envolvimento com a bomba nuclear foi uma das maiores controvérsias geradas pela imprensa para denegrir a imagem desse maravilhoso homem de ciência.

Sua participação na construção da bomba nuclear se iguala a dos filósofos da antiguidade que falavam da existência do átomo e também se iguala a dos cientistas do início do século XIX, que estabeleceram as leis do eletromagnetismo, fundamentais para o estudo das interações nucleares.

Neste livro, montado sobre pesquisas e comparações, o leitor descobrirá a importância do trabalho realizado por Einstein e Kardec, dois homens notáveis que foram animados pelo mesmo espírito em épocas diferentes, almejando o mesmo objetivo: contribuir para desenvolver nos corações humanos uma religiosidade genuína, fundamentada em um conhecimento científico mais amplo e mais profundo da natureza humana.

Futuro que os homens de má vontade poderão retardar, mas jamais poderão impedir de se realizar em benefício de toda a humanidade.

Nelson Moraes

O Amigo dos Sábios...

Apesar do Homem continuar desdenhando dos valores do coração e da fé, Deus o tem ajudado, mandando constantemente para a Terra os homens de ciência para proporcionar-lhes maior reconforto e aliviar seus sofrimentos. Muitos desses valorosos homens de ciência lutaram e continuam lutando em seus laboratórios e gabinetes para acabar com os males que afligem e desequilibram a sociedade humana.

É inegável e surpreendente o incomensurável potencial tecnológico e científico desenvolvido por essas mentes brilhantes. No alvorecer deste milênio o Homem consegue realizar feitos que antes acreditávamos que só Deus poderia realizar. Mas, com todo esse avanço da inteligência, por que será que ainda não conseguiu acabar com a miséria, a criminalidade, as doenças e todos os desequilíbrios sociais que lhe roubam a paz e a tranquilidade?

Não é necessário ser um sábio para enxergar o que está acontecendo. Até hoje não conseguiram porque os problemas e os sofrimentos que envolvem a sociedade humana jamais serão resolvidos apenas com decretos políticos, com antídotos, vacinas ou com tecnologias. Isso porque, a causa das aflições humanas estão implícitas nas questões da moral, dos sentimentos e das paixões humanas.

– Você tem razão! O Homem antes de tudo precisa conhecer a si mesmo.

Quem disse isso?

– Fui eu!

Quem é você?

– Sou o Amigo dos Sábios.

Por ser amigo dos sábios presumo que também seja um?!!!

– Não! Ninguém evolui por osmose, temos que construir a sabedoria em nós mesmos. Mas, enquanto não a possuímos, podemos recorrer aos sábios nos momentos de maior necessidade.

Por que está aqui?

– Quero colaborar com você na composição deste livro, o tema me atraiu e terei imenso prazer em oferecer meus préstimos.

Por que o tema o atraiu?

– Tenho pesquisado muito sobre as dificuldades e necessidades humanas e concordo com você quando revela a causa dos sofrimentos que envolvem a humanidade.

Você não acha que diante da ausência de uma expansão maior de fraternidade e de amor na Terra, Deus perdeu a esperança no Homem?

– Essa dúvida é antiga. Indagado sobre essa questão, Tagore sabiamente afirmou:

"Cada criança, ao nascer, nos traz a mensagem de que Deus ainda não perdeu a esperança nos homens."

Se Deus não perdeu a esperança nos homens, por que permite a proliferação do mal minando as estruturas morais da sociedade humana?

– A presença do mal na Terra não significa que Deus perdeu o controle sobre a criação. As sábias leis que orientam e controlam os mecanismos da evolução humana estabelecem recursos surpreendentes para conduzi-la ao seu elevado destino, manifestando-se através das circunstâncias criadas pelo próprio Homem. Por isso, afirmou Santo Agostinho:

"Deus Todo-Poderoso, por ser soberanamente bom, nunca deixaria qualquer mal existir nas suas obras se não fosse bastante poderoso e bom para fazer resultar o bem do próprio mal."

Ouvir as palavras de um sábio é como beber o néctar de uma flor. A embriaguez que provoca, leva-nos aos páramos da divindade e nos sentimos deuses por alguns instantes. Santo Agostinho está certo, "do couro sai a correia", diz o velho adágio popular. Enquanto o Homem não souber identificar o que realmente é o bem e o que é o mal, viverá algemado pela dor e pelo sofrimento.

– As respostas que precisamos para compreender os problemas que nos afligem residem nos refolhos da alma. Nos intervalos entre uma e outra atividade, costumo deitar-me estirado sobre o tapete magestoso da natureza que cobre as planícies etéreas e de lá passo a contemplar a imensidão cósmica.

– A noite se transforma em magnífica tela exibindo a arquitetura divina, onde observo os viajantes da eternidade rasgando os céus e deixando um rastro prateado que permanece por alguns instantes quebrando a sensação de infinito.

– Nessas horas em que me entrego aos eflúvios emanados pela natureza, mergulho em meditações profundas e uma força irresistível me conduz diante da magnífica estrutura do velho Pártenon. Extasiado, contemplo as linhas arquitetônicas obedientes ao estilo dórico, cuja suavidade combina com a serenidade e a sabedoria atribuídas à deusa Atena. Meu coração palpita e as lembranças fundem o passado com o presente e a melancolia se apodera das fibras mais íntimas do meu coração.

– Meus olhos não contemplam ruínas; tudo está intacto. Os desenhos em auto-relevo das métopas parecem vivos representando a luta dos deuses contra os monstros mitológicos.

– Vejo-me diante de um santuário de consistência etérea que conserva, distante da voragem do deus Cronos, o valioso patrimônio histórico da humanidade terrestre.

– As lembranças fragmentadas de velhos companheiros me fazem sentir como se fosse uma ave de arribação que não conseguiu levantar vôo e acompanhar o bando, deixando de migrar para regiões mais avançadas onde o verão é aquecido pelo sol da sabedoria.

– Tomado de uma estranha nostalgia, retorno à relva e acaricio as pétalas macias das flores que se fizeram companheiras da minha solidão momentânea. Com as energias redobradas e um forte anseio de progresso, redireciono meu pensamento em torno da minha caminhada nos cenários terrenos através dos milênios.

– Fiz parte de uma plêiade de Espíritos que, até os meados do século passado, navegavam nos mares da existência terrena, à semelhança de turistas em busca de prazeres e paisagens encantadoras. Durante longo período, singramos os oceanos das ilusões renovadas a cada passo do progresso.

– Dominando os ventos que sopravam favoráveis e, embriagados pelo canto das sereias, seguíamos mar adentro, orientados pela bússola das paixões e dos desejos inferiores.

– É com tristeza que vejo as grandes frotas humanas enfileiradas sob o comando do Eu seguindo as mesmas coordenadas até os dias atuais.

– Cegas pelo egoísmo e indiferentes ao sinal de perigo disparado em suas consciências, navegaram através dos séculos sem perceber que a estibordo e a bombordo das suas embarcações seguiam pequenos barcos tripulados pela fome e pela miséria que, à semelhança de gaivotas, esperavam as migalhas serem lançadas ao mar para correr e apanhá-las.

– Mantendo a indignação como leme e a revolta como bússola, essas sombrias embarcações seguiam as frotas da indiferença. Porém, cansadas de esperar por essas escassas migalhas, acabaram se transformando em terríveis piratas, passando a saquear as embarcações dos felizes turistas, estabelecendo um clima de intranquilidade e de insegurança em torno da esquadra mundial.

– Ao alvorecer deste milênio, começaram a soprar os ventos fortes de uma nova realidade que se aproxima agitando os mares da existência humana. As ondas turbulentas empurram os navegantes distraídos na direção de uma região nos oceanos dos séculos, onde começam a surgir os recifes de corais alimentados pelo lixo remanescente das suas extravagâncias e dos seus abusos, colocando em risco os que ainda navegam indiferentes às coordenadas corretas para uma navegação segura.

– Ameaçado pelas circunstâncias que criou, o Homem agora parece navegar à semelhança de Jasão, em busca do Velocino de Ouro Encantado para livrá-lo do perigo que ameaça sua paz e a sua segurança. Sonha dispor de uma Medéia para conduzi-lo por entre os pontiagudos recifes de corais. Mas, diferente da mitologia, está só em sua viagem. Entretanto, nessa aparente solidão, acabará encontrando algo mais precioso do que o Velocino: encontrar-se-á consigo mesmo.

– Daí então, liberto do olhar da Medusa da ignorância que o petrifica diante das dificuldades que agora o assusta, descobrirá quem são realmente os monstros que destroem a sua felicidade.

– Longe de se assemelhar aos séculos das ilusões, o instante em que vivemos, cobra-lhe agora as qualidades de Atena. Ao vasculhar os refolhos da alma, após o salutar encontro consigo mesmo, será preciso se revestir de muita renúncia e sabedoria, pois não terá a ajuda dos tesouros terrenos que acumulou e, nem tão pouco, a dos deuses exteriores que cultivou durante a longa viagem nos mares da ilusão e da indiferença.

– Para passar incólume pelos oceanos ameaçadores terá de ancorar o barco de sua existência no porto seguro do conhecimento espiritual e carregar o convés e os porões da alma com os suprimentos da fé e da esperança.

– Depois de abastecido, deverá então içar as velas da compreensão no mastro principal da sua consciência e navegar mar adentro até a Ilha do Eu, onde, à semelhança de Ulisses, terá que derrotar o gigante ciclope chamado Egoísmo.

– A partir daí, após viver essa odisseia, passará então a navegar nos oceanos infindáveis da razão e do conhecimento, avançando em direção a uma nova realidade onde todos deverão se consagrar heróis ao vencerem a si mesmos. Aqueles que conseguirem atravessar a zona de perigo irão tomar o Olimpo e se tornarão os deuses da fraternidade, da bondade e do amor. Serão esses maravilhosos heróis que farão surgir um novo tempo e uma nova Terra!

Você me emocionou com essa exposição poética da realidade humana! Então me diga, como ajudar o Homem a passar incólume pelos recifes de corais?

– Poucos passarão! Só uma minoria alcançará o oceano de novos séculos onde deverão construir uma nova realidade.

Então, marchamos para uma catástrofe?

– Estudando o comportamento humano e observando que o Homem a cada dia se distancia dos valores morais que deveriam nortear a evolução e o aprimoramento das sociedades, Albert Einstein afirmou:

"Só a evolução moral poderá impedir uma catástrofe a nível planetário. Se eu soubesse o que aconteceria aos meus trabalhos, teria me tornado um reparador de relógios".

– O Homem assumiu um comportamento contraditório à sua felicidade. Desenvolveu um cérebro de ouro, mas consolidou um coração de madeira infestado de cupins.

Gostei dessa definição! Certamente, os cupins nessa alegoria são as paixões e os sentimentos infelizes cultivados pelo Homem; mas, como poderíamos ajudá-lo a libertar seu coração dos tão famigerados cupins?

– Só as habilidades de um exímio carpinteiro sabe como tratar a madeira para evitar que seja corroída pelos cupins.

Você agora ironizou... eu acredito que falta para o Homem uma mais ampla compreensão de Deus e das suas leis que organizam e dirigem a vida e os mecanismos do universo. Talvez, essa consciência o ajudaria a erradicar do coração os cupins que lhe roubam a paz e a felicidade.

– Você tem razão! A vida na Terra tem a finalidade de proporcionar o aprendizado para o aprimoramento do espírito. Ninguém está aqui aleatoriamente ou pelo mero prazer de viver, conviver e procriar. Não somos turistas, somos alunos desta maravilhosa escola, onde desfrutamos de abundantes recursos didáticos.

Estando você familiarizado com os sábios, poderia intermediar um diálogo com eles para a composição deste livro?

– Os sábios e a sabedoria, estão ao alcance de todos os que sabem onde encontrá-los.

Concordo! Quem sabe reconhecer um sábio, já está a caminho da sabedoria. Adoraria fazer algumas perguntas ao Albert Einstein, isso seria possível?

– Sim! Formule o diálogo com as referidas perguntas e eu forneço as respostas para você transcrevê-las para o leitor.

Podemos fazê-lo agora?

– Sim!

Senhor Einstein... Estamos envolvidos em um trabalho de esclarecimento público e gostaríamos de fazer-lhe algumas perguntas, o senhor permite?

– Sim! As responderei com prazer.

Onde posso encontrar Deus?

– Você o encontrará na religiosidade de um sábio.

Como é a religiosidade de um sábio?

"Sua religiosidade consiste em espantar-se e extasiar-se diante da harmonia das leis da natureza, revelando uma inteligência tão superior que, todos os pensamentos humanos e todo seu talento, não podem desvendar. Esse sentimento desenvolve a regra dominante da sua vida, de sua coragem, na medida em que supera a escravidão dos desejos egoístas."

E para você, Amigo dos Sábios, o que é a religiosidade?

– A verdadeira religiosidade, em contradição aos dicionários do mundo, é um sentimento que se instala no coração do Homem e que lhe dá a certeza da existência de Deus e uma profunda confiança nas suas leis sábias e justas, proporcionando-lhe um elevado estado de consciência.

Os religiosos a possuem?

– Só os corações amorosos e iluminados por uma fé sensata e racional a possuem, independente das rotulações humanas.

Por que, então, Einstein apontou a religiosidade no coração dos sábios?

– Por acaso, existe sabedoria em um coração sem fé e sem amor?

Isso quer dizer que aqueles que possuem a certeza da existência de Deus, acabam desenvolvendo a sabedoria e o amor?

– Não basta crer em Deus, a religiosidade deve se transformar em um estado de alma, cuja característica maior seja a expressão e o exercício da compreensão e do amor em favor de todos. A sabedoria transcende à inteligência e à cultura, ela é anímica e divina, está mais no sentir do que no raciocinar. Muitas pessoas, aparentemente singelas, a possuem e conseguem identificar a verdade mais facilmente do que muitos dotados de extrema cultura. O professor não ensina senão o que aprendeu, é um revelador em segundo plano; o sábio ensina o que descobriu por si mesmo, é o revelador original.

Diante de tantos desencontros e equívocos praticados pelos religiosos, a ciência poderia se transformar no caminho para o encontro do Homem com Deus?

– Albert Einstein possuía uma compreensão muito dilatada sobre a Ciência e não concordava com os moldes adotados pela maioria dos cientistas. Por isso, afirmou:

"A ciência nos afasta de Deus, mas a ciência pura nos aproxima de um criador."

Qual seria essa ciência pura a que se referiu Einstein? Seria uma nova ciência?

– A ciência é pura. Os homens que a praticam é que acabam maculando-a ao colocá-la subordinada aos interesses egoístas e mundanos. Quando os homens se libertarem dos preconceitos, a ciência conduzirá o Homem à compreensão de Deus.

Realmente, as ideias preconcebidas cultivadas pelas culturas tradicionais, muitas vezes retrógradas e ultrapassadas, é que acabam retardando o avanço da humanidade.

– Diante desse quadro que parece se perpetuar através dos séculos, Einstein se pronunciou com uma certa indignação:

"Tristes tempos os nossos, é mais fácil desintegrar um átomo que um preconceito."

A maioria dos cientistas parece se opor à ideia de um Criador. Ainda são muitos os que defendem a tese de que uma grande explosão fragmentou a energia que se mantinha estável e amorfa, dando origem às formas e a todo o universo.

– Nem todos, Isaac Newton depois de afirmar que através do seu telescópio parecia ver Deus caminhando por entre os mundos, revelou à imprensa, segundo ele, a sua mais elevada descoberta:

"A maravilhosa disposição e harmonia do universo só pode ter tido origem segundo o plano de um Ser que tudo sabe e tudo pode. Isto fica sendo a minha última e mais elevada descoberta."

– Essa afirmação tem seu valor e seu peso por ter sido proferida por um homem de uma notável envergadura científica, que jamais lhe permitiria tal afirmação se não tivesse realmente esposado essa convicção, e o mais importante é que essa convicção não nasceu de qualquer influência religiosa, mas sim, da observação dos fatos e na compreensão de que todo efeito inteligente tem como origem uma causa inteligente.

Eu não posso crer que uma explosão ocasional pudesse gerar formas e seres inteligentes, esse pensamento parece até fruto de um raciocínio puramente infantil. Por isso, Benjamin Franklin, com muita segurança e com uma certa ironia, fez uma comparação das mais inteligentes, quando afirmou:

"Achar que o mundo não tem um criador é o mesmo que afirmar que um dicionário é o resultado de uma explosão numa tipografia."

Muitos homens estão preocupados em saber como Deus criou o universo, mas ignoram que o caminho mais curto para compreender Deus e as suas obras é o conhecer a si mesmo.

– Ao perguntarem a Albert Einstein se ele alimentava a curiosidade de saber como Deus construiu o mundo, ele respondeu:

"Não quero saber como Deus criou o mundo. Só quero saber de seus pensamentos."

Aqui, Einstein revela uma preocupação maior com a substância do que com a forma. Conhecer os pensamentos de Deus significaria conhecer as leis divinas e os objetivos a que se destina a vida como um todo. Essa sempre foi a maior preocupação desse maravilhoso sábio. Suas ideias, pensamentos e conceitos jamais pararam nas fronteiras impostas pela ciência.

Por que os homens, em pleno terceiro milênio, continuam navegando nos mares da existência distraídos da realidade e não percebem que caminham para sofrimentos ainda maiores?

– Albert Einstein responderá a você:

"É porque eles não sabem que cada um de nós vem para uma breve visita. Do ponto de vista da vida cotidiana, entretanto, existe uma coisa que precisamos saber: o Homem está aqui para o bem dos homens. Acima de tudo, por aqueles de cujo sorriso depende a nossa própria felicidade. E, também, pelas intocáveis almas desconhecidas com quem nossos destinos estão ligados pelos laços de simpatia. Várias vezes ao dia, percebo como minha vida interior e exterior se baseiam nos esforços de meus companheiros vivos e mortos."

Que sabedoria! Sua resposta aponta para uma compreensão muito ampla sobre a vida. Parece familiarizado com a ideia de que a vida se estende para além da realidade física, pelo menos, é o que entendemos quando se refere a uma breve visita. Isto é, quem visita deve retornar para o lugar de onde veio. Não fora esse o seu pensamento teria afirmado: uma breve vida e não uma breve visita.

– Mais interessante ainda, é quando ele fala sobre a ação da lei da causalidade estendendo-a para as ações morais do ser humano. Isso ficou claro quando definiu o que seria a vida usando uma alegoria muito interessante, demonstrando sua preocupação de se fazer compreendido até pelos menos aculturados, aliás, essa é a característica dos verdadeiramente sábios:

"A vida é como jogar uma bola na parede: se jogar uma bola azul, ela voltará azul; se jogar uma bola verde, ela voltará verde; se jogar a bola fraca, ela voltará fraca; se jogar a bola com força, ela voltará com força. Por isso, nunca "jogue uma bola na vida" de forma que você não esteja pronto a recebê-la. A vida não dá, nem empresta; não se comove, nem se apieda. Tudo quanto ela faz é retribuir e transferir aquilo que nós lhe oferecemos".

"O sábio, consciente da lei de causalidade de qualquer acontecimento, decifra o futuro e o passado, que estão submetidos às mesmas regras de necessidade e determinismo."

Einstein quis dizer que, analisando o que estamos fazendo hoje, podemos saber o que nos aguarda amanhã. Ou seja, a cada ação estamos acionando um determinismo em função da necessidade que criamos. É a lei de causa e efeito a que tudo e todos estão submetidos. Não dá para entender como a visão desse homem extraordinário não gerou uma cadeira específica nas faculdades e nas academias orientando o ensino no sentido de uma conscientização mais ampla dos profissionais com relação aos valores éticos e morais.

– Ele levantou essa importante questão. Na sua visão, a escola deveria assumir um papel importante também na educação moral dos jovens, preparando-os espiritualmente para cumprir com ética e bom senso as suas especialidades. Isso ficou claro ao afirmar:

"Não basta ensinar ao Homem uma especialidade, porque se tornará assim uma máquina utilizável e não uma personalidade. É necessário que adquira um sentimento, um senso prático daquilo que vale a pena ser empreendido, daquilo que é belo, do que é moralmente correto."

O ser humano, distraído dessa necessidade, caminha empurrado por uma cultura equivocada de valores. Hoje, a busca pelo conhecimento tem por principal objetivo o sucesso financeiro. A ética e a moral ficam às margens desse objetivo. Por isso, o Homem ainda não alcançou o domínio sobre si mesmo e não consegue se tornar alguém verdadeiramente útil à sociedade da qual participa.

– Albert Einstein faz uma análise interessante sobre esse comportamento humano. Vejamos:

"O ser humano vivencia a si mesmo seus pensamentos, como algo separado do resto do universo – numa espécie de ilusão de ótica de sua consciência –. E, essa ilusão é um tipo de prisão que nos restringe aos nossos desejos pessoais, conceitos e ao afeto apenas pelas pessoas mais próximas. Nossa principal tarefa é a de nos livrarmos dessa prisão, ampliando o nosso círculo de compaixão, para que ele abranja todos os seres vivos e toda a natureza em sua beleza. Lutar por essa realização já é, por si só, parte de nossa liberação e o alicerce de nossa segurança interior."

Infelizmente, o egoísmo tem levado o Homem a viver parcialmente. São raros os que conseguem viver de forma integral. Ainda não aprendemos a desfrutar de todos os recursos com que a natureza nos revestiu. Percebemos, nesse maravilhoso homem de ciência, uma consciência bastante ampliada que lhe permitia uma maior compreensão da realidade.

– Albert Einstein durante sua vida conseguiu uma consistente integração com a realidade, transcendendo aos limites impostos pela indumentária física. Isso ficou claro quando afirmou:

"Penso noventa e nove vezes e nada descubro; deixo de pensar, mergulho em profundo silêncio e eis que a verdade se me revela."

Nessa colocação, ele realmente demonstra uma integração bastante profícua com a realidade cósmica, de onde conseguiu sintonizar as verdades que orientaram seu trabalho.

– Na realidade do mundo materializado, soube reconhecer que tudo é relativo a períodos, e que os valores e os conceitos se alteram no decorrer do tempo, e que, até mesmo, a ciência é relativa, por isso afirmou:

"Existe uma coisa que a longa existência me ensinou: toda a nossa ciência, comparada à realidade, é primitiva e inocente; e, portanto, é o que temos de mais valioso."

Tudo está submetido a lei da relatividade; as coisas só são úteis enquanto existir a causa da sua utilidade. Até mesmo o mal que ainda predomina tem sua utilidade relativa no contexto geral da evolução humana.

– Estou gostando imensamente de participar deste livro!

Eu também. Principalmente, por ter encontrado você.

– Obrigado! Não foi você que me encontrou; eu o encontrei.

É... Você está certo! Obrigado por ter me encontrado!

– Lembre-se, nosso diálogo não é pessoal, precisamos desenvolver o tema a que se destina este livro.

Desculpe, é que a emoção é mais forte que o raciocínio, às vezes, não se consegue estancá-la de chofre, mas, mesmo assim, acho que é melhor falar agora do que chorar depois. Se não manifestamos nosso amor quando estamos perto de quem amamos, amanhã choraremos na sua ausência.

O mundo corre perigo, precisamos ajudar o Homem! Temos a missão de encontrar um meio de salvar seu coração dos cupins, não podemos perder tempo filosofando.

O Filho do Carpinteiro...

Os séculos e os milênios se escoaram na ampulheta do tempo e o Homem ainda não aprendeu a reconhecer os valores do espírito. Deus confia nele, mas ele não aprendeu a confiar em Deus. O Homem trabalha dia e noite para juntar alguns trocados para construir uma casa ou uma mansão, contribui para a edificação de belas cidades, mas ignora que para edificar um lar verdadeiro e uma sociedade justa, são imprescindíveis os valores do coração.

Enquanto não desenvolvermos os verdadeiros atributos humanos, ainda embrionários na maioria das individualidades, continuaremos merecendo a classificação científica que nos denomina como animais racionais, tendo apenas o raciocínio para nos distinguir da animalidade.

O que é preciso para que o Homem se torne um sábio?

– O Homem só se tornará um sábio quando aprender a enxergar nos acontecimentos a sua volta um maravilhoso processo didático, de onde poderá tirar as maiores lições, as quais um livro jamais poderia registrá-las, pois para cada espectador representa uma lição específica. Um acontecimento apenas, encerra múltiplos exemplos que se enquadram nas necessidades de aprimoramento de todos os envolvidos e de todos os que observam, basta que tenham olhos para ver e ouvidos para ouvir. Na escola da vida somos simultaneamente: material didático, alunos e professores uns dos outros.

Você afirmou lá atrás, que só um carpinteiro poderia tratar o coração do Homem para erradicar dele os cupins, sei que foi uma alegoria que usou, mas não podemos esquecer que estamos neste livro com a missão de ajudá-lo nesse processo de depuração.

– Você precisa entender uma coisa: por trás de uma alegoria pode estar oculta uma grande verdade. O escritor irlandês, George Bernard Shaw, Prêmio Nobel de Literatura em 1925, na plenitude de sua idade bastante avançada, apontou qual seria a solução para os problemas do mundo, ao afirmar:

"Confesso que depois de ter estudado a terra e os homens durante setenta anos, não vejo outro remédio para a miséria do mundo a não ser o caminho indicado por Cristo."

Agora entendi! Você se referia a Jesus! O filho do Carpinteiro. Você está certo, por trás de uma frase aparentemente infantil pode estar oculta uma grande verdade!

Mas, o Cristianismo parece não ter acompanhado a evolução e o progresso científico da humanidade, como poderá representar o caminho das soluções humanas? A igreja tem cometido tantos equívocos, resultando em crimes inconfessáveis praticados em nome da fé. Criou a inquisição que marcou a sua atuação arbitrária como um capítulo negro na história da humanidade.

– Bernard Shaw não se referiu à igreja, mas, sim, ao caminho de Cristo. Todos sabemos que a maioria das igrejas cristãs não entraram por esse caminho; distorceram, até mesmo, as palavras do Mestre, comprometendo a essência contida nos Evangelhos dos apóstolos. Albert Einstein também aponta a tradição cristã como o caminho ideal para o desenvolvimento espiritual da humanidade. Vejamos os seus conceitos sobre as tradições cristãs:

"Os mais elevados princípios para nossas aspirações e juízos nos são dados pela tradição religiosa judaico-cristã. Trata-se de uma meta muito elevada que, com nossos parcos poderes, só podemos atingir de maneira muito insatisfatória, mas que dá

um sólido fundamento às nossas aspirações e avaliações. Se quiséssemos tirar essa meta de sua forma religiosa e considerar apenas seu aspecto puramente humano, talvez pudéssemos formulá-la assim: desenvolvimento livre e responsável do indivíduo, de modo que ele possa por suas capacidades, com liberdade e alegria, se colocar a serviço de toda a humanidade."

Interessante como ele destaca os conceitos cristãos despidos da rotulagem religiosa como uma profunda filosofia de vida que liberta e engrandece o ser humano, tornando-o mais livre e mais responsável, ao contrário da Religião que escraviza ao alienar as consciências aos seus dogmas absurdos.

Nessa colocação, Einstein faz uma verdadeira exaltação à fé raciocinada!

Temos que reconhecer que, a partir do momento em que a Religião ficou viúva da razão e a Ciência foi escravizada pelo poder econômico, o Homem tornou-se órfão da verdade.

– Einstein valoriza os conceitos cristãos na sua essência e exalta os seus fundamentos como a grande meta a ser alcançada pela humanidade, mas, não endossa o cristianismo institucionalizado pelas religiões, onde os seus conceitos foram adaptados aos interesses de castas que acabaram por dominar durante séculos as consciências adormecidas na ignorância.

Como fazer então para que o Homem tenha acesso aos verdadeiros fundamentos cristãos para ajustar sua vida na direção da felicidade que tanto deseja?

– Você acredita que um Espírito da envergadura de Jesus viria a Terra para lançar uma semente estéril? Temos que reconhecer que, mesmo tendo sido sufocada pelo joio que semearam no terreno onde deveria germinar e frutificar, ela tem produzido seus frutos ajustados e relativos a cada período da evolução humana.

– Muitas consciências que souberam absorver seus ensinamentos na essência do seu mais profundo significado, se transformaram em mentes iluminadas e, hoje prestam seus serviços em favor da humanidade.

Concordo, mas, no contexto de várias religiões e filosofias humanas foram reveladas profundas verdades para orientar os destinos do ser humano. Por que então os conceitos cristãos surgem como a medida mais apropriada para impulsionar o Homem na sua evolução espiritual?

– É inegável que o Oriente teve acesso a muitas verdades que estabeleceram sábias e profundas filosofias, gerando as religiões e as culturas regionais, consolidando a Ásia como o berço do Espiritualismo.

Porém, temos que reconhecer que a mensagem do Cristo se revelou de caráter universal e abrangente à toda a humanidade e traz no seu contexto toda uma série de verdades que dizem respeito a todos os seres humanos. Tal é a sua consistência que Suas palavras ecoam até hoje nos céus e na Terra e em quase todos os corações.

– Passaram-se os séculos e os milênios e os seus ensinamentos continuam sendo a grande opção para a paz e para a felicidade humana; só o orgulho, o egoísmo e os preconceitos de certos homens não conseguem enxergar esse extraordinário fenômeno de comunicação exercido por Jesus, o qual por si só, revela a origem divina da sua missão e das suas revelações.

É lamentável que os homens públicos, à semelhança de Bernard Shaw, que poderiam contribuir para disseminar essa verdade, só muito tarde se encorajam para trazerem à baila o que sentiram durante toda a vida em seus corações.

Entre tantas religiões que se dizem cristãs, por qual o Homem deverá optar para encontrar preservados e enaltecidos os seus verdadeiros ensinamentos?

– Quando Jesus afirmou que não devemos por remendo novo em pano velho, se referia a estes momentos conturbados da humanidade. Realmente não conseguiremos reformar as religiões. No passado, muitos interpretaram ao pé da letra esse ensinamento e fundaram novas religiões cristãs por toda parte do planeta, acabando por praticarem os mesmos erros que condenavam no cristianismo transfigurado pelos romanos que o adotaram como religião oficial do Império.

Então devo entender que o Evangelho está ferido de morte?

– Jesus como administrador planetário, jamais plantaria na Terra uma árvore destinada a morrer nas mãos dos Homens.

Tudo bem, mas como poderemos resgatar os verdadeiros conceitos cristãos?

– Prevendo esses acontecimentos, Jesus prometeu enviar-nos o Consolador, o Espírito de Verdade que permaneceria conosco para sempre e que nos faria lembrar de suas palavras e nos ensinaria muito mais.

– O espiritismo, por sua consistência doutrinária fundamentada em revelações e ensinamentos, cuja racionalidade leva-nos à uma compreensão ampliada da nossa natureza espiritual, revela-se ao mundo como o Consolador Prometido que deverá reviver e esclarecer os conceitos cristãos, despindo-os da roupagem mística e religiosa, a fim de consolidar nos corações humanos a fé raciocinada.

Devemos considerá-lo como uma religião?

– Espiritismo é sabedoria a ser aplicada no dia-a-dia, alinhando as ações humanas aos verdadeiros propósitos e objetivos da nossa existência. Suas revelações dilatam as consciências para a compreensão da natureza espiritual da vida e promovem a verdadeira integração do ser humano com a sua natureza cósmica, ampliando os horizontes do conhecimento.

– O espiritismo não é apenas mais uma religião nascida das ideias ou crenças de um homem ou de um grupo, nasceu de uma criteriosa investigação científica e podemos considerar o seu manancial de revelações e conceitos, como a mais importante descoberta científica de todos os séculos.

– Embora essa importante descoberta não conste dos anais da Ciência e nem tão pouco foi aceita ou assimilada pelas religiões do mundo, ela representa o futuro das ciências e das religiões. Sem se apoiarem nesses fundamentos e revelações, nenhuma dessas instituições humanas resistirá à marcha do progresso espiritual da humanidade a qual acabará projetando-as para o descrédito e, até mesmo, para o ridículo.

– Os homens de bem, dotados da compreensão que emana das revelações e conhecimentos codificados nas obras básicas do espiritismo, imprimirão uma nova consciência nos fundamentos que orientam as instituições humanas, construindo, no futuro, uma nova sociedade, mais justa e mais humana, elevando o nosso planeta à hierarquia dos mundos em regeneração. Kardec, no livro *Obras Póstumas*, diz o seguinte:

"Não será, pois, ele, o espiritismo que fará as instituições do mundo regenerado; serão os homens que as farão sob o império das ideias de justiça, de caridade, de fraternidade e de solidariedade melhor compreendidas, por efeito do espiritismo."

O Encontro da Ciência com a fé...

A reencarnação e as leis de causa e efeito, reveladas pelo espiritismo, esclarecem aquilo que aos olhos da ignorância espiritual parece injustiça ou obra do acaso. Será que o espiritismo não é a ciência pura que nos aproxima de Deus, a que se reportou Einstein?

– O espírito da Ciência é a ciência do espírito. Quando os homens de ciência abraçarem os conceitos cristãos e desenvolverem o conhecimento espiritual da vida, toda ciência será pura. Eu prefiro afirmar que o espiritismo é a religião pura que irá contribuir para purificar a Ciência das vaidades e dos preconceitos humanos.

A Ciência poderia contribuir para o despertar da fé raciocinada que emana do conhecimento espírita?

– Quando Albert Einstein comprovou que a matéria é Energia condensada, ela deixou de ser causa e se tornou, comprovadamente, um efeito. Portanto, a Ciência, a partir daí, terá que sair em busca do agente que atua sobre a energia para consolidar as formas dos seres, dos mundos e de tudo o que conhecemos.

Consequentemente, encontrarão as origens espirituais da vida e de todo o universo.

– Einstein, ao concluir que Massa e Energia são duas manifestações diferentes da mesma coisa, ou seja, duas propriedades diversas da mesma substância, comprovou que a matéria nada mais é do que a condensação da Energia. Com isso, abriu uma possível conexão entre a Fé Espírita e a Ciência. Pois o que Einstein comprovou cientificamente, já havia sido revelado pelos Espíritos muito antes do seu nascimento.

No livro *A Gênese*, capítulo XXIV, Kardec descreve o fluido cósmico universal:

"O fluido cósmico universal é a matéria elementar primitiva, cujas modificações e transformações constituem a inumerável variedade dos corpos na Natureza. Como princípio elementar do Universo, ele assume dois estados distintos: o de eterização ou imponderabilidade, que se pode considerar o primitivo estado normal; e o de materialização ou de ponderabilidade, que é, de certa maneira, consecutivo àquele. O ponto intermediário é o da transformação do fluido em matéria tangível. No estado de eterização, o fluido

> *cósmico não é uniforme; sem deixar de ser etéreo, sofre modificações tão variadas em gênero e mais numerosas, talvez, do que no estado de matéria tangível. Essas modificações constituem fluidos distintos que, embora procedentes do mesmo princípio, são dotados de propriedades especiais e dão lugar aos fenômenos peculiares ao mundo invisível.”*
>
> *“Dentro da relatividade de tudo, esses fluidos têm para os Espíritos, que também são fluídicos, uma aparência tão material quanto a dos objetos tangíveis para os encarnados, e são, para eles, o que são para nós as substâncias do mundo terrestre.”*
>
> *“Eles os elaboram e combinam para produzirem determinados efeitos, como fazem os homens com os seus materiais, ainda que por processos diferentes!”*

Sendo o fluido cósmico universal a matéria elementar do Universo, ele é constituído de Energia. O que é a energia?

– Neste século, a ciência está a procura de meios para definir o que é realmente a Energia, várias experiências têm sido realizadas.

– Uma delas ocorreu por volta dos anos oitenta: um renomado físico americano chamado Murray Gell Mann, frente ao laboratório de aceleradores de partículas da Stanford University, começou a pesquisar o fenômeno de formação de partículas, fazendo colidir um elétron com um pósitron que não é senão a partícula antimatéria correspondente ao elétron.

– Pela lógica, ao se chocarem, por terem a mesma origem e corresponderem a partículas opostas, elas deveriam se neutralizar mutuamente, desmaterializando e se transformando novamente na respectiva quantidade de energia de origem. Todavia, não foi isso o que ocorreu.

Observando o fenômeno, Gell Mann afirmou que as partículas tinham vontade própria, como afirmara Werner Heisenberg ao formular o princípio da incerteza.

Heisenberg observara que, ao enviar um feixe de partículas na direção de um alvo, algumas delas, sem nenhum motivo técnico, desviavam-se aleatoriamente da trajetória normal, concluindo que elas procediam como ovelhas desgarradas.

– Schroedinger contestou tal afirmativa, achando absurdo que uma partícula pudesse agir sob ação de autodeterminismo. Porém, Gell Mann, ao ver o procedimento das mesmas e equacionar suas novas trajetórias, garantiu que, de fato, elas moviam-se como se fossem comandadas por um agente externo atuante que as comandava em suas ações.

– Se numa hipótese remota, os cientistas lograssem êxito nessa experiência, teriam encontrado o princípio espiritual inteligente, pois ele é a Energia que dá consistência à partícula.

– Jamais eles conseguirão provocar esse choque entre as partículas, pois os princípios espirituais inteligentes que as comandam são dotados de impulsos criativos que os dirigem para determinados comportamentos que, no conjunto dessas determinações instituídas pela criação, um choque entre elas não está previsto.

– Cada partícula do Universo é um princípio espiritual inteligente trabalhando sob os impulsos criativos da evolução. Cada átomo se constitue em uma fábrica que reúne uma série de trabalhadores que se organizam e se ajustam entre si para a elaboração e produção das substâncias necessárias para a manutenção e a construção do Universo.

– Todas as formas consistentes no Universo, ponderáveis ou imponderáveis, dependem dessas maravilhosas fábricas.

– O fluido cósmico universal é a condensação dessas fábricas compondo um incomensurável parque industrial de onde se originam todos os produtos necessários para a edificação dos mundos, dos seres e do Universo.

– É o Micro construindo o Macro!

– No seu estado original, o princípio espiritual inteligente é uma partícula imaterial e indestrutível emanada da Inteligência Suprema. Sua primeira manifestação material ocorre ao assumir a condensação do fluido cósmico universal sob configurações especiais determinadas pelos impulsos criativos da evolução de que é dotado.

– A partir desse instante maravilhoso da criação, o princípio espiritual inteligente inicia a sua jornada evolutiva até alcançar a magnitude e a inteligência de que são dotados os Espíritos perfeitos.

A constatação dessas particularidades da criação ainda não foi alcançada pelos cientistas, mas coloca as revelações espíritas de forma bastante confortável diante das hipóteses estabelecidas até hoje pela Ciência.

– O abstrato já começou a surgir no cenário científico e atingiu um ponto crítico com a aparição das teorias quânticas, no início do século XX.

– Segundo elas, do ponto de vista atômico, as trocas de energia são produzidas pelos movimentos dos elétrons ou cargas elétricas elementares entre os distintos níveis da estrutura do átomo, de modo que tais movimentos provocam uma absorção ou emissão de energia, quantificada e múltipla da chamada constante de Planck. Os quanta associados a esses saltos eletrônicos recebem o nome de fótons e constituem a unidade elementar da energia.

Os estados da Energia reconhecidos pela Ciência, até pouco tempo, se restringiam apenas aos estados sólido, gasoso e líquido. Hoje, porém, é reconhecido também o estado plasmático da Energia. Segundo a Ciência, plasma é a designação genérica de diversos gases rarefeitos cujos átomos e moléculas não se encontram no estado fundamental. Tornou-se um dos principais objetos de estudo da Física no final do século XX.

– Conforme esses estudos científicos, os cientistas calculam que mais de 99% da matéria que compõe o Universo existe em estado de plasma. Todas as estrelas observadas, inclusive o Sol, estão em estado plasmático, assim como o espaço interestelar e o interplanetário e a camada mais externa da atmosfera dos planetas.

– Plasma é um gás rarefeito cujos átomos liberam elétrons que vão dar origem a um conjunto formado por elétrons livres e átomos ionizados, cuja carga total é nula. É também chamado quarto estado da matéria, em oposição aos estados sólido, líquido e gasoso.

O grande número de elétrons livres e de íons em constantes intercâmbios e choques faz do sistema um bom condutor de eletricidade e emissor de luz. Em muitos aspectos, o plasma se comporta como um gás, mas, quando submetido a um intenso campo magnético que seja capaz de delimitá-lo como um recipiente, ou seja, dar-lhe forma, assume propriedades particulares.

A possibilidade de que um campo magnético seja capaz de atuar e delimitar o plasma imprimindo-lhe propriedades particulares, revela o laboratório invisível a que se refere Kardec, onde a força do pensamento do Espírito desencarnado atuando sobre o plasma, – o qual é um dos estados intermediários do fluido cósmico universal –, constrói objetos, modelando-os segundo a sua vontade. Hoje com o reconhecimento da Ciência de que os pensamentos são emissões eletromagnéticas, fica fácil constatar que Kardec se antecipou à Ciência ao colher e codificar as revelações trazidas pelos Espíritos.

– As mais recentes descobertas estão todas coerentes com as revelações contidas na Codificação

Espírita. Com a identificação e a constatação da maleabilidade do plasma sob uma ação eletromagnética, a ciência encurtou ainda mais a distância entre a Ciência e a Fé Espírita.

– Entretanto, devemos entender que a Ciência ainda não terminou o seu trabalho. O estudo da natureza apresenta ainda muitas lacunas no conhecimento humano que precisam ser preenchidas através de árduas pesquisas. Há muita coisa no cenário da natureza terrena e a ser explicada e desvendada. Não podemos pleitear uma aproximação prematura com a Fé Espírita, pelo menos até que ela esgote as pesquisas em torno de tudo o que pode ser explicado pelos meios científicos, para, então, começar a trabalhar tudo o que transcende e que é aparentemente inexplicável.

– Essa conexão não se consolidará facilmente; não por falta de material de ambas as partes, mas por falta de princípios nobres e o excesso de preconceitos arraigados nas consciências humanas.

– Mas, Einstein deu um passo importante, não apenas por constatar cientificamente o que os Espíritos revelaram sobre a real natureza da matéria, mas, principalmente, por reconhecer a necessidade da Ciência e da Religião se apoiarem mutuamente.

– Uma coisa é certa: necessitamos tanto da Ciência como da Religião. Nossa filosofia de vida precisa andar sobre essas duas estradas. Tal é a importância de cada uma delas para que o Homem avance na sua evolução que levou Albert Einstein a desenvolver um estudo das dificuldades que distanciam uma da outra, levando-o a seguinte observação:

"Um conflito surge, por exemplo, quando uma comunidade religiosa insiste na absoluta veracidade de todos os relatos registrados na Bíblia. Isso significa uma intervenção da religião na esfera da ciência; é aí que se insere a luta da Igreja contra as doutrinas de Galileu e Darwin. Por outro lado, representantes da Ciência têm constantemente tentado chegar a juízos fundamentais com respeito a valores e fins com base no método científico, pondo-se assim em oposição a Religião. Todos esses conflitos nasceram de erros fatais.

Ora, ainda que os âmbitos da Religião e da Ciência sejam em si claramente separados um do outro, existem entre os dois fortes relações recíprocas e dependências. Embora possa ser ela o que determina a meta, a Religião aprendeu com a Ciência, no sentido mais amplo, que meios poderão contribuir para que se alcancem as metas que ela estabeleceu. A Ciência, porém, só pode ser criada por quem esteja plenamente imbuído da aspiração da verdade e do entendimento. A fonte desse sentimento, no entanto, brota na esfera da Religião. A esta se liga também a fé na possibilidade de que as regulações válidas para o mundo da existência sejam racionais, isto é, compreensíveis à razão. Não posso conceber um autêntico cientista sem essa fé profunda. A situação pode ser expressa por uma imagem: a ciência sem religião é aleijada, a religião sem ciência é cega."

O interessante é que nas observações e conceitos desse gênio da ciência, surge uma incrível semelhança com os conceitos espíritas. Dá-nos a impressão de que ele os conhecia, ao menos de forma intuitiva. Suas afirmações e a sua visão de mundo são muito parecidas até mesmo na forma com que desenvolve os seus pensamentos. Vejamos alguns pensamentos de ambos sobre a fé:

"Fé inabalável só o é a que pode encarar frente a frente a razão, em todas as épocas da Humanidade."

"Pois uma doutrina que não é capaz de se sustentar à "plena luz", mas apenas na escuridão, está fadada a perder sua influência sobre a humanidade, com incalculável prejuízo para o progresso humano."

A linha de raciocínio seguida pelo pensamento de ambos é algo realmente surpreendente, principalmente, pelo fato de exercerem atividades em campos diferentes.

Vejamos o pensamento desenvolvido por ambos sobre como reconhecer um criador:

"Lançando o olhar em torno de si, sobre as obras da Natureza, notando a providência, a sabedoria, a harmonia que presidem a essas obras, reconhece o observador não haver nenhuma que não ultrapasse os limites da mais portentosa inteligência humana. Ora, desde que o homem não as pode produzir, é que elas são produto de uma inteligência

superior à Humanidade, a menos se sustente que há efeitos sem causa."

"A religiosidade de um sábio consiste em espantar-se e extasiar-se diante da harmonia das leis da natureza, revelando uma inteligência tão superior que, todos os pensamentos humanos e todo seu talento, não podem desvendar. Esse sentimento desenvolve a regra dominante da sua vida, de sua coragem, na medida em que supera a escravidão dos desejos egoístas."

Kardec revela a lei de causa e efeito atuando sobre a vida humana. Einstein a define de forma muito peculiar aos sábios:

"A vida é como jogar uma bola na parede: se jogar uma bola azul, ela voltará azul; se jogar uma bola verde, ela voltará verde; se jogar a bola fraca, ela voltará fraca; se jogar a bola com força, ela voltará com força. Por isso, nunca jogue uma bola na vida de forma que você não esteja pronto a recebê-la. A vida não dá, nem empresta; não se comove, nem se apieda. Tudo quanto ela faz é retribuir e transferir aquilo que nós lhe oferecemos".

"O sábio, consciente da lei de causalidade de qualquer acontecimento, decifra o futuro e o passado, que estão submetidos às mesmas regras de necessidade e determinismo."

Vimos também como ele elegeu a tradição cristã como meta a ser alcançada pela humanidade. Vejamos como se manifestou o Espírito de Verdade no livro *Obras Póstumas* a respeito de como Kardec deveria proclamar a Doutrina Espírita:

"Eis que a hora se aproxima em que será preciso declarar abertamente o espiritismo por aquilo que ele é, e mostrar a todos onde se encontra a verdadeira doutrina ensinada pelo Cristo; a hora se aproxima em que, diante do céu e da Terra, deverás proclamar o espiritismo como a única tradição realmente cristã, a única instituição verdadeiramente divina e humana."

Com certeza, a prática cristã raciocinada e liberta dos conceitos equivocados e tão sonhada por Einstein, tende a se consolidar na prática do Espiritismo-Cristão.

Diante dessas comparações, faço uma pergunta: será que ele teve contato com o conhecimento espírita? Isso não posso afirmar, mas, uma coisa é certa:

se não teve enquanto encarnado nesta sua última existência, deve ter tido em outra, onde se preparou para realizar tão importante obra. No meu ver, com o trabalho desenvolvido em torno da Energia, ele estabeleceu no cenário científico a incontestável hipótese de que existe uma força intangível atuando sobre a Energia, imprimindo nela a condensação que estabelece a ponderabilidade das formas.

Ainda uma outra coisa se torna patente: ambos trabalharam na mesma obra; Albert Eisntein atuou na ciência sem se descuidar da importância do transcendente; Allan Kardec trabalhou o transcendente sem se descuidar da importância da ciência. Com isso, construíram um caminho para o encontro da Ciência com a Fé. Allan Kardec foi o cientista da alma, Albert Einstein deu alma à ciência!

Essas duas admiráveis personalidades trabalharam animadas pelo mesmo espírito de compreensão, almejando o mesmo objetivo: contribuir para desenvolver nos corações humanos uma religiosidade genuína, fundamentada no conhecimento mais amplo e mais profundo da natureza humana.

É interessante quando fala sobre as experiências de alguns cientistas realizadas em torno do transcendente e exalta essas realizações. Vejamos:

"É nessa busca da unificação racional do múltiplo (aqui se refere ao transcendente) que a Ciência logra seus maiores êxitos, embora seja precisamente essa tentativa que a faz correr os maiores riscos de se tornar uma presa das ilusões. Mas, todo aquele que experimentou intensamente os avanços bem-sucedidos feitos nesse domínio é movido por uma profunda reverência pela racionalidade que se manifesta na existência. Através da compreensão, ele conquista uma emancipação de amplas consequências dos grilhões das esperanças e desejos pessoais, atingindo, assim, uma atitude mental de humildade perante a grandeza da razão que se encarna na existência e que, em seus recônditos mais profundos, é inacessível ao homem. Essa atitude, contudo, parece-me ser religiosa, no mais elevado sentido da palavra. A meu ver, portanto, a Ciência não só purifica o impulso religioso do entulho de seu antropomorfismo, como contribui para uma espiritualização religiosa de nossa compreensão da vida.
Se um dos objetivos da Religião é libertar a humanidade, tanto quanto possível, da servidão dos anseios, desejos e temores egocêntricos, o raciocínio científico pode ajudar a Religião em mais de um sentido."

Mais uma vez temos a impressão de que Einstein conheceu, pelo menos em parte, o trabalho de Kardec. Principalmente, quando relata: "todo aquele que experimentou intensamente os avanços bem-sucedidos feitos nesse domínio é movido por uma profunda reverência pela racionalidade que se manifesta na existência." O mais interessante é que destaca que os cientistas que pesquisaram o transcendente vieram a sofrer uma profunda transformação de caráter e de sentimentos.

O termo "...espiritualização religiosa de nossa compreensão da vida" arremata seus pensamentos com profunda sabedoria

– Uma coisa que somos obrigados a reconhecer é que esse encontro da Fé com a Ciência não se dará pelos canais dos fenômenos, pois isso não ocorreu quando sábios e cientistas como Wallace e Zollner, Crookes e Lombroso, Myers e Lodge, mobilizando médiuns notáveis, efetuaram experiências de valor incontestável e nem por isso conseguiram atrair o interesse da coletividade científica.

A cada nova descoberta da Física, a Ciência se vê obrigada a alterar seus conceitos e, aos poucos, irá se aproximar da realidade revelada pelos Espíritos. Acredito que o elo que atrairá a Física para pesquisar o transcendente será a Astrofísica e a Cosmologia que, diante da observação e do estudo das modificações dos estados da Energia que ocorrem no cosmo, acabarão descobrindo a existência de uma força inteligente atuando no universo.

Nesse cenário cósmico, ainda envolto em mistério para a maioria dos cientistas, acabará se configurando uma realidade que irá causar profundas alterações nos conceitos científicos da Física e da Cosmologia.

Esse será o ponto de partida para o descortinar de uma nova Ciência que contribuirá para o estabelecimento de uma autêntica fé raciocinada, complementando e ratificando as revelações dos Espíritos superiores codificadas por Kardec, marcando o início de uma nova era para a humanidade.

Essa aproximação não irá transformar o espiritismo cristão em um espiritismo científico, mas lhe dará o aval da ciência para seguir com a sua sagrada missão de espiritualizar as consciências adormecidas pela fé cega e ociosa, fazendo reviver os conceitos cristãos nos corações humanos.

Albert Einstein reconheceu nos conceitos cristãos um caminho alinhado à sabedoria muito mais do que à religião praticada pelos homens, isso porque, Jesus, em momento algum propôs qualquer culto ou religião, revelou e exemplificou ao Homem o comportamento ideal para a construção da felicidade. Não foi um místico, porque viveu entre o povo e não praticou nenhum ritual e afirmou que um dia todos fariam o que ele fez. Demonstrou como usar a força da fé sobre os elementos sem desrespeitar as leis naturais da vida; ao contrário, revelou-as ao homem, aproximando-o do conhecimento da sua real natureza.

Nenhum tratado ou conceito de psicologia conhecidos até hoje se igualam aos contidos no Evangelho. Infelizmente, o excessivo cunho religioso que se deu aos ensinamentos do Mestre, obscureceu a profundidade científica e filosófica do seu conteúdo, levando a maioria dos homens de ciência a se afastarem de um estudo mais aprofundado das leis universais reveladas no seu contexto.

Hoje, à luz da reencarnação, compreende-se claramente que, o comportamento que nos propõe cada um dos seus ensinamentos, é pura ciência de vida. Aliás, abrange todas as ciências conhecidas pelos homens.

No Evangelho, agora, compreendido e redivivo pela luz do Consolador, percebemos que estão contidas todas as soluções para os problemas de ordem política, filosófica, psicológica e médica. Enfim, é nele que encontramos a solução final para todos os problemas físicos, psíquicos, materiais e espirituais que afligem a humanidade.

Depois do fracasso de todos os sistemas políticos e sociais, implantados pelos homens, despido do religiosismo que lhe atribuem, o Evangelho surgirá vitorioso sobre todos os conceitos humanos e será o sistema final que deverá ser adotado, com certeza conduzirá a humanidade para o estabelecimento da paz, da harmonia e da felicidade. A máxima do Espírito de Verdade que nos propõe "Amai-vos e Instruí-vos!", coloca o "amai-vos" em primeiro lugar, destacando-o como o mais importante, pois de nada nos adianta alcançarmos o conhecimento, se não tivermos desenvolvido o amor e a caridade em nossos corações.

O homem sem o conhecimento, condena-se ao primitivismo. Porém, sem os verdadeiros sentimentos, projeta-se à animalidade.

O espiritismo surgiu para a humanidade à semelhança de um sol, cujo brilho fez nascer uma nova aurora nos horizontes do conhecimento humano. Sua luz deverá penetrar cristalina pelas frestas dos barracos e pelas janelas das mansões e das academias, aquecendo e aninhando os corações nos celeiros da fraternidade e do amor.

AS DIFICULDADES PARA A CONEXÃO...

Apesar da sua fé na existência de Deus, confessada várias vezes, Einstein não se tornou um religioso, mas sim alguém dotado de uma surpreendente religiosidade que lhe permitia acessar uma realidade muito mais ampla, a qual lhe facultava a capacidade de compreender com profundidade as questões que envolvem os seres e todo o universo.

O mais surpreendente nos conceitos desse maravilhoso cientista é que ele enobrece os conceitos cristãos, apontando uma prática carregada de bom senso e sabedoria, cujas colocações servem para orientar até mesmo a prática do Espiritismo-Cristão, cujas diretrizes, sob a ação do homem, estão sujeitas a sofrerem uma institucionalização semelhante a das religiões, apenas substituindo as igrejas pelos centros espíritas.

As mentes mais esclarecidas pela essência mais profunda do conhecimento espírita, saberão reconhecer que a maioria das instituições que representam o espiritismo, ainda dispõem de muito pouco para oferecer à ciência, e estão muito distantes de receberem o aval científico para as suas realizações. A prática desenvolvida e realizada na maioria das agremiações se sustentam da credulidade exagerada e da ingenuidade da maioria dos que nelas se agrupam.

As escolas estabelecidas e impostas pela maioria das instituições direcionam os alunos para um conhecimento doutrinário fundamentado em apostilas criadas sob a visão e sob os conceitos dos seus dirigentes. Com isso, desenvolvemos uma cultura intermediária com fundamentos heterogêneos, os quais nem sempre correspondem aos verdadeiros objetivos a serem alcançados pelo espiritismo.

A obrigatoriedade dos cursos como regra para que os indivíduos sejam reconhecidos como espíritas, ferem os princípios de liberdade e acabam alienando os neófitos à uma série de práticas institucionalizadas que se transformaram em verdadeiros dogmas, os quais o próprio espiritismo condena.

O que realmente fará com que um indivíduo seja reconhecido como espírita, será pelas suas atitudes cristãs praticadas no seu convívio com a sociedade a partir do lar que o abriga.

– Você tem razão. Albert Einstein parece falar aos espíritas quando faz uma recomendação aos professores que ensinam religião:

"Em seu ofício, terão de se valer daquelas forças que são capazes de cultivar o Bom, o Verdadeiro e o Belo na própria humanidade. Trata-se, sem dúvida, de uma tarefa mais difícil, mas incomparavelmente mais valiosa. Quando tiverem realizado esse processo de depuração, os professores da religião, certamente, hão de reconhecer com alegria que a verdadeira religião ficou enobrecida e mais profunda graças ao conhecimento científico."

– Para Einstein, a liberdade sempre foi o mais importante atributo do ser humano e da qual se fez um defensor obstinado, principalmente, a liberdade de pensamento que deveria prevalecer nas escolas, ainda mais tratando-se de escolas cujo ensino tem por objetivo a educação espiritual e moral do ser humano.

– Einstein desenvolveu um raciocínio muito interessante sobre as questões que envolvem o direito ao livre pensamento, vejamos:

"As escolas, por exemplo, podem interferir no desenvolvimento da liberdade interna mediante influências autoritárias e a imposição de cargas espirituais excessivas aos jovens; por outro lado, as escolas podem favorecer essa liberdade, incenti-

vando o pensamento independente. Só quando a liberdade externa e interna são constantes e conscienciosamente perseguidas há possibilidade de desenvolvimento e aperfeiçoamento espiritual e, portanto, de aprimorar a vida externa e interna do Homem."

Deveríamos nos ocupar com maior empenho no ensino da moral espírita-cristã desenvolvendo uma Pedagogia da Alma para que os aprendizes de espiritismo possam se tornar úteis para servir a humanidade com liberdade e alegria a partir de uma convivência sadia com a família e com a sociedade.

Com certeza, com esse modelo de ensino os aprendizes de espiritismo saberão reconhecer o quanto é importante e inteligente se tornar antes de tudo um Homem de bem.

Precisamos entender que a missão do espiritismo é preparar o ser humano para vivenciar os seus ensinamentos nas suas relações com a sociedade e com o mundo.

Mas, o que temos observado é que a pedagogia que estabelecemos em nossas escolas acaba por induzir o aprendiz a entender que, para evoluir espiritualmente, é preciso desenvolver alguma capacidade mediúnica ou doutrinária, a fim de galgarem as "hierarquias" estabelecidas pela institucionalização dos conceitos doutrinários.

Nisso, percebemos que a igreja foi mais prudente, pois jamais exigiu que seus fiéis se matriculassem nos mosteiros e se tornassem padres para serem reconhecidos como católicos.

– Precisamos entender de forma urgente que o espiritismo se reveste das mesmas características de uma descoberta científica que precisa chegar ao conhecimento público. Trata-se da descoberta da natureza mais ampla e mais profunda dos seres e do universo, cujo conhecimento deverá nortear o comportamento e o progresso espiritual da humanidade.

– Seus fundamentos e revelações sob a égide da razão, apontam para uma conscientização do ser humano sobre suas responsabilidades espirituais perante a vida e perante seus semelhantes.

–Tais revelações esclarecem os conceitos cristãos e os elegem como diretrizes para conduzir o homem ao seu mais elevado destino.

– São estes dois pontos os mais importantes revelados pelos Espíritos superiores, os quais deverão orientar a prática a ser desenvolvida pelas instituições que se propõem representar os verdadeiros fundamentos e objetivos do espiritismo.

– Os núcleos de trabalho alimentados por esses ideais serão reconhecidos pelos Espíritos superiores como postos avançados da luz em meio a escuridão da ignorância espiritual que predomina na maioria das consciências reencarnadas e desencarnadas vinculadas ao nosso planeta.

– Colocados em pontos estrategicamente escolhidos sob a inspiração do alto, surgirão em amplas ou acanhadas salas com suas portas abertas para receber e dialogar com o povo sobre a Boa Nova, assim como fizeram os apóstolos.

– Nessas oficinas da alma, o ser humano deverá ser valorizado, socorrido e esclarecido, sem que nada lhe seja imposto ou exigido, aprenderá como conduzir a sua vida nas suas relações com o mundo tomando por base o conhecimento da sua natureza espiritual e os fundamentos cristãos que deverão nortear suas ações.

– Nesses ambientes fraternos se desenvolverá a mais pura e edificante prática espírita cristã, segundo os moldes da verdadeira caridade.

Chico Xavier, durante a maior parte da sua vida, exerceu essa prática recebendo no aconchego da palavra amiga criaturas vindas das mais diversas regiões do nosso país. Suas portas se mantinham abertas ao público para as pessoas ouvirem os oradores que alí se colocavam a serviço da informação e do esclarecimento, dando cumprimento ao principal objetivo a ser alcançado pela mensagem do Consolador.

Nenhuma exigência, nenhuma imposição, esses corações, beneficiados pela explanação dos conceitos espíritas cristãos, retornavam para seus lares levando no coração novas responsabilidades conscienciais e as esperanças de que estavam aptos a contribuírem para a construção de um mundo melhor a começar pelo próprio lar.

– Aí está o paradigma ideal para ser seguido por todos aqueles que querem servir aos propósitos a serem alcançados pelo Espiritismo-Cristão.

– Será em redutos semelhantes, anelados às responsabilidades e aos fundamentos da Boa Nova, que os aprendizes de espiritismo desenvolverão suas faculdades espirituais, entregando-se a Sublime Escola onde o lema será: servir para aprender!

– Só assim, com o cérebro alinhado ao coração conseguirão se libertar da forma e das técnicas para exercerem uma consistente parceria com a espiritualidade superior com vistas a espiritualização da humanidade.

Só o desenvolvimento de uma religiosidade genuína poderá levar os homens a conquistar um renovado estado de consciência. Einstein fala sobre essa religiosidade:

"Quanto mais avança a evolução espiritual da humanidade, mais certo me parece que o caminho para a religiosidade genuína não passa pelo medo da vida, nem pelo medo da morte, ou pela fé cega, mas pelo esforço em busca do conhecimento racional."

Eis aí, a grande síntese da religiosidade que todos terão que alcançar um dia!

Os que se dizem espíritas estão incursos na responsabilidade de contribuírem para que ela venha a se disseminar nas consciências humanas. Este deveria ser o tema principal e constante abordado pelos espíritas, transformando os Centros Espíritas em verdadeiras oficinas da alma.

É inegável que o espiritismo tem no seu conteúdo um manancial imenso de informações e revelações que acabará atraindo a ciência para um estudo sério sobre seus conceitos e revelações. Mas, esse sonho alimentado por alguns espíritas, ainda está morno; só o tempo poderá aquecê-lo, quem sabe até lá já tenhamos saneado nosso movimento das suas falhas, pelo menos das mais graves, como a questão da prática aleatória da mediunidade. Isso porque, atualmente é nela que se assenta o maior equívoco doutrinário praticado por uma considerável parcela do nosso movimento.

Percebe-se nesse campo uma visível ausência de bom senso, de razão e de ética. O grande equívoco está quando classificamos a mediunidade sob um único aspecto e, indevidamente, afirmamos, sem ressalvas: Todos são médiuns!

Muitos não compreenderam os ensinamentos constantes no *Livro dos Médiuns*, confundiram e generalizaram uma afirmativa do Espírito Channing, que consta do capítulo XXXI, acabando por tomarem a questão ao pé da letra, enfocando a mediunidade por um único aspecto e sem uma apurada análise do seu conteúdo claro e preciso.

Vejamos tais afirmações de Channing:

> *"Todos os homens são médiuns, todos têm um Espírito que os dirige para o bem, quando sabem escutá-lo. Agora, que uns se comuniquem diretamente com ele, valendo-se de uma mediunidade especial, e que outros não o escutem senão com o coração e com a inteligência, pouco importa: não deixa de ser um Espírito familiar quem os aconselha. Chamai-lhe espírito, razão, inteligência, é sempre uma voz que responde à vossa alma, pronunciando boas palavras.*
>
> *Escutai essa voz interior, esse bom gênio que incessantemente vos fala, e chegareis progressivamente a ouvir o vosso anjo guardião, que do alto dos céus vos estende*

as mãos. Repito: a voz íntima que fala ao coração é a dos bons Espíritos e é deste ponto de vista que todos os homens são médiuns."

Channing deixou claro que ouvir a voz interior é uma condição natural aos encarnados, e que essa voz interior geralmente é a de um Espírito amigo falando nos refolhos da alma. Muitos artistas e gênios foram, e ainda são inspirados dessa forma em suas criações e, nem por isso, foram ou são chamados de médiuns, ou precisaram de uma escola especial para desenvolver essa aptidão; ela é natural em todos seres, até nas donas-de-casa que desenvolvem maravilhosas receitas e quando são inspiradas na educação dos filhos. Agora, ele se refere a uma outra mediunidade especial que permite uma comunicação direta com os Espíritos. Qual seria essa mediunidade especial que difere da faculdade natural de ouvir ou ser inspirado no silêncio da alma?

Em *O Livro dos Médiuns*, no capítulo XX, item 226, Kardec formula a seguinte pergunta ao Espírito comunicante:

"O desenvolvimento da mediunidade guarda relação com o desenvolvimento moral dos médiuns?
Não; a faculdade propriamente dita se radica no organismo, independe do moral..."

No livro, *O Evangelho segundo o Espiritismo*, capítulo XXIV, item A Candeia Debaixo do Alqueire, encontramos a mesma afirmação:

"Há quem se admire de que, por vezes, a mediunidade seja concedida a pessoas indignas, capazes de a usarem mal. Parece, dizem, que tão preciosa faculdade deveria ser atributo exclusivo dos de maior merecimento. Digamos, antes de tudo, que a mediunidade é inerente a uma disposição orgânica..."

Retornando a *O Livro dos Médiuns*, no capítulo Das Manifestações Visuais, pergunta 26ª, a orientação esclarece que não é natural e nem um atributo de conquista, mas sim, uma concessão estabelecida por uma disposição orgânica anômala:

"a) De que depende, para o homem, a faculdade de ver os Espíritos, em estado de vigília?
Depende da organização física..."

"b) Pode essa faculdade desenvolver-se pelo exercício?
Pode, como todas as outras faculdades; mas, pertence ao número daquelas com relação às quais é melhor que se espere o desenvolvimento natural do que provocá-lo, para não sobre-excitar a imaginação. A de ver os Espíritos, em geral e permanentemente, constitui uma faculdade excepcional e não está nas condições normais do homem."

Ora, se é excepcional e não está nas condições normais do homem, poucos a possuíram ou a possuem. Então, não podemos afirmar que todos os homens são médiuns de forma genérica.

Ainda em *O Livro dos Médiuns*, no capítulo dos médiuns inspirados, item 182, Kardec classifica a faculdade de receber a inspiração como uma mediunidade, mas revela um detalhe importante:

> *"Todo aquele que, tanto no estado normal, como no de êxtase, recebe, pelo pensamento, comunicações estranhas às suas ideias preconcebidas, pode ser incluído na categoria dos médiuns inspirados. Estes, como se vê, formam uma variedade da mediunidade intuitiva, com a diferença de que a intervenção de uma força oculta é aí muito menos sensível, por isso que, ao inspirado, ainda é mais difícil distinguir o pensamento próprio do que lhe é sugerido."*

Aqui sim, podemos afirmar sob esse aspecto que todos são médiuns.

No item 183, ele esclarece:

> *"Os homens de gênio, de todas as espécies, artistas, sábios, literatos, são sem dúvida Espíritos adiantados, capazes de compreender por si mesmos e de conceber grandes coisas. Ora, precisamente porque os julgam capazes, é*

que os Espíritos, quando querem executar certos trabalhos, lhes sugerem as ideias necessárias e assim é que eles, as mais das vezes, são médiuns sem o saberem. Têm, no entanto, vaga intuição de uma assistência estranha, visto que todo aquele que apela para a inspiração, mais não faz do que uma evocação. Se não esperasse ser atendido, por que exclamaria, tão frequentemente: meu bom gênio, vem em meu auxílio?"

Nisto, vemos que essa mediunidade natural a todos, a inspirada, difere da outra especial que se radica no organismo e que não depende da moral e nem da elevação espiritual, é excepcional e não está nas condições naturais do ser humano.

A mediunidade classificada por Kardec como inspirada, depende da moral e da elevação espiritual do encarnado para então alcançar a inspiração dos Espíritos superiores. Ou seja quanto mais nobre e elevado espiritualmente, maior contato exercerá com a espiritualidade superior. Entretanto, sabemos que mesmo os que não possuem uma moral elevada também são inspirados pelos Espíritos que são seus afins, até os criminosos são inspirados na forma de praticar seus crimes.

Em se tratando da prática dessa faculdade natural como mediunidade, e colocá-la como ferramenta doutrinária para servir à informação, temos que ressaltar que aqui entramos em um território que deve ser pavimentado pelo bom senso e por uma certa dose de ceticismo, pois existe a grande dificuldade em identificar quando é ou não inspiração por parte dos Espíritos.

Ante esse fato, por se tratar de uma mediunidade subjetiva, fica patente que essa faculdade não oferece nenhuma segurança para exercer um trabalho fundamentado em revelações sobre particularidades do mundo invisível, ou sobre particularidades de personalidades desencarnadas. Dar-se a essa prática sem um profundo senso crítico ou um discernimento apurado, seria arriscar a expor os fundamentos espíritas ao descrédito e até mesmo ao ridículo. Isso porque, um Espírito para inspirar o encarnado se vale dos seus conhecimentos; jamais um Espírito poderá inspirar alguma coisa sobre um tema desconhecido do médium, e muito menos inspirar algo sobre pessoas a ele desconhecidas em suas particularidades. Tudo nessa prática é subjetivo e requer muita prudência por parte dos envolvidos.

Creio que essa faculdade tão bem delineada por Kardec, deve se restringir ao âmbito onde ela sempre esteve, ou seja, no âmbito das realizações pessoais, nas áreas profissionais ou artísticas. Aí, a inspiração é uma ferramenta valiosa e sempre esteve presente nas realizações humanas, inspirando cada qual nas suas atribuições.

A falta desse conhecimento acabou levando as instituições a criarem as escolas de médiuns onde, muitas vezes o neófito sofre a sobreexitação da imaginação e, sob o domínio da imaginação estimulada, acaba por acreditar que está apto a ser interprete dos Espíritos para informar sobre particularidades do mundo invisível e sobre particularidades de Espíritos desencarnados.

Eu tenho uma estatística incontestável colhida ao longo de mais de três décadas no trabalho de atendimento fraterno, a qual revela que seis em cada dez pessoas que chegam aos centros espíritas com problemas, acabam recebendo a seguinte informação: O teu problema é mediunidade! Você precisa frequentar os cursos, desenvolvê-la e trabalhar, caso contrário continuará sofrendo. Sob essa visão estreita dos problemas psíquicos humanos multiplicaram-se as escolas de médiuns.

Com isso, a psicografia subjetiva proliferou no movimento espírita sem ética e sem critério e bem distante do bom senso. Não suportaria nem mesmo uma investigação preliminar da ciência, assim como não suportou a investigação de um renomado jornalista,[1] que acabou revelando a fragilidade dessa prática tão

---

[1] Por Trás do Véu de Isis de Marcel Souto Maior - Editora Planeta - SP.

divulgada e até exaltada por alguns companheiros desavisados ou, talvez, ingênuos que desfrutam dos recursos da imprensa.

Quando o interesse econômico descobriu que a literatura atribuída aos Espíritos se tornara um bom negócio, isso acabou incentivando ainda mais a prática desse equívoco.

Os romances ditos mediúnicos que pairam no âmbito do entretenimento, sem entrar no mérito das questões fundamentais da doutrina, são suportáveis e não causam nenhum mal ao progresso do espiritismo. Porém, essas obras por terem sido inspiradas, deveriam ser classificadas como ficção espírita, da mesma forma como os escritores leigos classificam suas obras, as quais quase sempre também são inspiradas e nem por isso se declaram médiuns.

Temos que reconhecer que no cenário da mediunidade inspirada, muitos livros valiosos foram elaborados em parceria com Espíritos superiores preocupados com a elevação espiritual humana e trouxeram no seu conteúdo uma abordagem inteligente de temas referentes ao desenvolvimento moral dos encarnados, contribuindo sobremaneira para a renovação de conceitos equivocados e para o adiantamento espiritual dos seus leitores.

Os médiuns inspirados só pecam quando se entregam às fantasias da própria imaginação elaborando revelações mirabolantes e destituídas de bom senso, atribuindo-as aos Espíritos superiores. Estas sim, comprometem as estruturas do nosso movimento, suscitando polêmicas absurdas, contraditórias e, muitas vezes, até infantis, depondo de forma gritante contra a razão e a lógica.

Na mediunidade especial, a qual se vincula à uma condição orgânica e se manifesta quase sempre desde a tenra infância, mesmo sem ter sido provocada, a comunicação dos Espíritos ocorre de forma objetiva e direta, vem de lá para cá, não sofre quase nenhuma interferência do médium, dando uma consistente confiabilidade na manifestação dos Espíritos. Nesta, os detalhes, certas particularidades e as questões abordadas sobre temas que são desconhecidos do médium suportam uma investigação e, quase sempre, são comprovadas a veracidade e a autenticidade das comunicações. Esta mediunidade nem todos a possuem e a cada dia se torna mais rara, pois já não se faz necessária para a consolidação da consciência espírita cristã nos corações humanos, os quais deverão ser atraídos pela razão e pelos sentimentos e não mais pelo fenômeno.

Foi dessa modalidade que Kardec se serviu para colher dos Espíritos todas as informações necessárias para compor o manancial de revelações e ensinamentos que vieram estabelecer o advento do Consolador prometido por Jesus com toda a segurança.

Além do mais, suas investigações não se limitaram às revelações dos Espíritos transmitidas por um único médium; primou pela universalidade da informação, colhendo de várias fontes o valioso e inigualável tesouro de revelações que traduzem a realidade do mundo espiritual.

Sem dúvida, a mediunidade foi um instrumento importante, por isso foi disseminada por toda parte no período que precedeu ao trabalho do Insigne Codificador.

Porém, vivemos agora um outro tempo, onde já fomos abastecidos das informações necessárias para desenvolvermos o mundo novo que Jesus espera de nós.

Pós Kardec, o Brasil tornou-se o grande celeiro de médiuns notáveis que contribuíram para a consolidação da Consciência Espírita-Cristã. Durante algum tempo em terras brasileiras, o fenômeno ilustrou as revelações trazidas pelo Consolador. Fomos acordados de lá para cá, mas vivemos agora a era do espírito, onde o fenômeno não deve ocupar o tempo daqueles que já se propuseram servir à grande missão que o espiritismo terá que desenvolver no seio da humanidade.

Não podemos perder tempo divinizando instituições, indivíduos e fenômenos como fizemos no passado.

Não podemos colocar as instituições humanas acima dos objetivos a serem alcançados pela mensagem do Consolador Prometido, sob pena de repetirmos os mesmos erros de outrora. Einstein faz uma advertência:

"Não há lugar nisso para a divinização de uma nação, de uma classe, nem muito menos de um indivíduo. Não somos todos filhos de um só pai, como se diz na linguagem religiosa? Na verdade, mesmo a divinização da humanidade, como totalidade abstrata, não estaria no espírito desse ideal. É somente ao indivíduo que é dada uma alma. E o "sublime" destino do indivíduo é antes servir que comandar ou impor-se de qualquer outra maneira.
Se considerarmos mais a substância que a forma, poderemos ver também nestas palavras a expressão da postura democrática fundamental. Ao verdadeiro democrata é tão inviável idolatrar sua nação quanto ao homem religioso, no sentido que damos ao termo."

Servir deverá ser a grande preocupação de todos que estão envolvidos pela responsabilidade de tais conhecimentos, o sucesso do bem servir só será alcançado quando realmente trabalharmos a substância e não a forma.

Mesmo no celeiro da fé raciocinada, enquanto os indivíduos não compreenderem e trabalharem a sua substância, corremos o risco da divinização e poderemos estar incorrendo na grave falta de outorgarmos também a infalibilidade às instituições humanas e às personalidades que às constituíram.

Nesse contexto, muitas instituições são amplamente divulgadas e algumas até divinizadas pelos seus mantenedores e pelos frequentadores quase sempre ingênuos ou crédulos. Com isso, o essencial fica às margens de uma burocracia que valoriza a forma em detrimento da substância, instituindo grupos e castas que acabam distanciando do povo a mensagem esclarecedora e consoladora do espiritismo.

Entre os médiuns inspirados temos que saber distinguir os afetados pelo conhecimento e os verdadeiramente convertidos pela fé e pela razão.

Os afetados são retóricos e se prendem a forma: contribuem para a proliferação e para a exaltação de conceitos elitizados que brilham, mas não iluminam.

Os convertidos são serenos e se prendem a substância: conseguem uma verdadeira comunicação, estimulando a sobriedade na aplicação dos recursos espirituais. Estes acabam incentivando as consciências para uma consistente renovação de caráter.

Os reconhecemos pela humildade e simplicidade que constituem as suas principais características e os encontraremos nas instituições onde prevalecem essas características. O que realizam em seus agrupamentos, assume uma importância maior do que representam as paredes que emolduram a instituição.

Devemos entender que, para nós espíritas, o espiritismo tornou-se uma verdade axiomática, mas, para o povo, ainda é algo inusitado; por isso mesmo, sem os autênticos elementos de comunicação, estaremos apenas divulgando a Doutrina como instituição, sem alcançarmos os objetivos da iluminação das consciências.

O que está causando no mundo as guerras, a miséria, a fome e a violência?

Como agir ou reagir diante desses fatos que estão ocorrendo a nossa volta?

Como estimular a autêntica religiosidade a fim de superar o religiosismo exagerado e fanático, divinizando indivíduos e instituições?

Como ajudar o ser humano a equilibrar a relação entre o cérebro e o coração?

Estes são os principais temas deste século, sobre os quais, pesa a responsabilidade dos espíritas construírem elementos de comunicação para ajudar na transformação da humanidade.

Antes de tudo, o comunicador espírita deve ser um semeador de luz, clareando os horizontes da consciência humana. A abordagem sobre esses temas cruciais dirigida ao povo que se reúne em nossas instituições, deve se sobrepor aos temas estritamente doutrinários. O esclarecimento deve ser dirigido ao coração que é a chave que abre o reduto da inteligência onde se consolida a consciência. Toda verdade ou esclarecimento, se não calar fundo no coração, não altera o estado de consciência do ouvinte.

Na maioria das pessoas, inicialmente a verdade bem colocada é mais sentida do que compreendida, e sempre acaba estimulando a busca pelo conhecimento.

Esse é o ponto alto da comunicação! Os que abraçarem esses conceitos jamais deixarão de ser inspirados pelos Espíritos superiores.

O comunicador espírita não deve jamais assumir a postura de um professor, mas sim, de um amigo, cujo conhecimento adquirido o ajudou a superar grandes conflitos e dificuldades e que agora deseja que os outros também se beneficiem desse conhecimento. Dotado dessa postura, conseguirá acionar nos corações humanos um forte desejo de absorver tais conhecimentos.

O comunicador que se propõe a trabalhar em favor do despertar de uma nova consciência tem na Codificação espírita, subsídios para abordar judiciosamente qualquer um dos temas aqui descritos; entretanto, quase sempre, perde valioso tempo abordando questões doutrinárias diante de um público carente de orientação no trato e na compreensão da causa dos problemas que lhe roubam a paz, a segurança e a fé.

Temos um modelo de comunicador até hoje inigualado e que deve ser a fonte de inspiração de todos os que se propõem trabalhar a mensagem espírita em favor da humanidade.

Surgiu no meio do povo contando pequenas histórias amparadas no próprio comportamento, com as quais gravou no subconsciente coletivo uma mensagem inapagável, acabando por construir em torno do nosso planeta, uma egrégora[2] que permanece há mais de dois mil anos e hoje abrange o pensamento de quase a totalidade dos seus habitantes.

---

[2] Egrégora: conjunto de pensamentos afins que se aglutinam formando a psicoesfera que envolve as populações.

Espiritismo é a religiosidade cósmica exaltada por Einstein. Nem mesmo a Ciência sobreviverá sem ela, por isso afirmou:

"O espírito científico, fortemente armado com seu método, não existe sem a religiosidade cósmica".

– O Evangelho, quando compreendido à luz do Consolador, acaba desenvolvendo nos corações sinceros essa maravilhosa religiosidade cósmica que se assenta na humildade e possibilita o desenvolvimento da sabedoria.

– O filosofo Séneca, quando abordado pelos aprendizes que lhe perguntaram sobre a sabedoria, afirmou:

"Muitos teriam sido sábios se não tivessem acreditado demasiado cedo que já o eram."

Séneca está cheio de razão. Quando alguém se torna um sábio é sempre o último a reconhecer a própria sabedoria. O mesmo se dá com as virtudes. O mundo ainda confunde cultura com sabedoria; muitos, imbuídos dessa ilusão, complicam o que é simples, revestindo os conceitos mais elementares com terminologias sofisticadas, dificultando até a compreensão do óbvio.

– Aristóteles aconselhava:

"Pensa como pensam os sábios, mas fala como falam os simples."

– Falar e escrever para que todos possam compreender é a mais alta expressão de um coração cheio de amor e respeito aos que lêem e ouvem. Ralph Waldo Emerson afirmou:

"É prova de alta cultura dizer as coisas mais profundas, do modo mais simples!"

Os corações amadurecidos pelos sofrimentos construídos ao longo das encarnações sem proveito, cansados de trilharem os caminhos do erro, neste milênio, reclamam orientação e consolo. Saturados das ilusões do pão e do circo, anseiam agora o pão do espírito para alimentarem a alma em festa de luz e paz. No sublime esforço da comunicação que nos compete, não podemos oferecer-lhes o circo das palavras afetadas e emolduradas pela vã cultura humana, obscurecendo a mensagem libertadora do espiritismo.

O espiritismo não deve assimilar os padrões acadêmicos da cultura humana, mas a cultura humana, para se enobrecer, terá que assimilar a essência da Filosofia Espírita-Cristã.

Uma companheira nossa, Aurora Barba, trabalhadora incansável nas obras de caridade e do esclarecimento, disse-me certa vez:

> *"Para ser cristão não precisa ser espírita, mas, para ser espírita é preciso ser cristão."*

Precisamos receber o povo em nossas instituições com os braços e o coração abertos e revestidos de compreensão e carinho.

Não podemos impor-lhes cargas culturais e espirituais que ainda não podem suportar, precisamos estudar com eles e junto deles os conceitos evangélicos sob a luz do espiritismo. Não podemos cobrar-lhes a compreensão imediata dos conhecimentos doutrinários.

Se hoje desfrutamos de uma compreensão um tanto mais dilatada, não significa que estamos à frente nos caminhos da evolução, pois cada qual guarda valores espirituais que são imperceptíveis aos olhos do mundo, os quais, provavelmente, ainda não conquistamos e talvez aqueles que substimamos já os possuam bem desenvolvidos.

Portanto, não podemos subestimar ou discriminar o ser humano avaliando ou julgando capacidades, principalmente em se tratando dos valores do espírito.

Todos caminhamos ao longo da estrada da vida em busca da felicidade. Nessa caminhada somos todos iguais. A única diferença que existe entre uns e outros é que cada qual está em um ponto diferente da estrada e nem todos estão diante da mesma paisagem ou visualizam os mesmos horizontes.

Se ainda estamos vinculados a um mundo de expiações e de provas, não existe nada que possa justificar qualquer tipo de vaidade ou orgulho, pois trazemos ao renascer o atestado que define claramente a que categoria de espíritos pertencemos. Ou seja, a de espíritos endividados e carentes de qualidades nobres. Portanto, qualquer insinuação de superioridade de nossa parte não passará de pura hipocrisia.

Ante essa realidade, só a humildade nos permitirá exercer um juízo claro das nossas supostas qualidades e, principalmente, das nossas necessidades espirituais.

O Mundo dos Efeitos...

— Temos que reconhecer que neste mundo equivocado que construímos, vivemos e sobrevivemos em torno dos efeitos. Os laboratórios gastam fortunas imensas para isolar um vírus ou uma bactéria no intuito de produzir os antídotos adequados ao combate de uma determinada doença que, nada mais é do que um efeito causado pelo próprio Homem. Valiosos recursos são investidos para viabilizar e aprimorar os transplantes de órgãos, os quais atendem ao mesmo propósito: sanear efeitos. Fundamentados nessa cultura estabelecida pelas consequências de causas não combatidas, são construídos todos os dias novos hospitais e presídios em todo o mundo.

– A maior parte dos recursos gastos, até hoje, pela Ciência tem sido empregada para sanear os efeitos que, a cada década, se multiplicam em quantidade e diversidade, trazendo para o panorama terrestre as consequências da ação desequilibrada do espírito humano no trato dos valores essenciais da vida.

Todo mal que rouba a paz e a felicidade do ser humano se radica nas causas: as guerras, o terrorismo, as doenças e os transtornos mentais e psíquicos são provocados pela ignorância espiritual em que vive a maioria dos Espíritos vinculados ao planeta Terra.

– As Universidades todos os anos formam nossos jovens em várias especialidades cuja maioria se destina a cuidar dos efeitos. Quando o ser humano eliminar as causas que geram tais efeitos, não precisaremos mais de médicos, advogados, juizes, delegados, psicólogos, psiquiatras, etc. Enfim, todas as especialidades acadêmicas que sobrevivem dos efeitos se tornarão desnecessárias.

Você acendeu um facho de luz sobre muitas consciências que alimentam a vaidade acadêmica. A maioria dos homens não percebeu que os valores da Terra podem lhe auferir alguns títulos temporários, cujo valor existe apenas enquanto existir os efeitos dos quais sobrevivem, e que, só os valores do Espírito poderão lhe dar o respeito e a nobreza eterna.

– Quando Albert Einstein afirmou que a ciência, diante da realidade, é primitiva e inocente, com certeza, visualizou essa realidade que acabei de expor. Mas, como disse, é o que temos de mais valioso; não fora a ciência, não teríamos como amenizar o sofrimento humano causado pela sua incúria. Enquanto o Homem não se conscientiza de que é preciso combater as causas, continuaremos necessitando das especialidades acadêmicas que fizeram de muitos homens verdadeiros sacerdotes nas várias áreas em que se empenharam salvando vidas e estabelecendo a justiça na Terra.

– O Homem, para sobreviver aos instantes que se aproximam, terá que desenvolver suas próprias virtudes e criar uma autêntica conexão com a realidade intrínseca à sua natureza espiritual.

– Segundo Sócrates, o que há de comum entre todas as virtudes é a sabedoria! É o poder da alma sobre o corpo, a temperança ou o domínio de si mesmo.

– O conhecimento espírita oferece aos de boa vontade recursos informativos imprescindíveis para o desenvolvimento das virtudes necessárias para uma real integração com a sua mais profunda natureza. O Homem dispõe da inteligência, mas falta-lhe ainda a sabedoria.

– Assim como o diamante reflete a luz do sol, o sábio é o diamante que reflete para o mundo a luz e a sabedoria de Deus.

– Muitas vezes, a vida nos tem colocado em circunstâncias especiais para desenvolvermos a sabedoria, mas a vaidade e o orgulho acabam empanando nossa visão e nos tornamos cegos diante de valiosas oportunidades de libertação e crescimento espiritual.

É lamentável que só começamos a procurar o caminho da renovação depois que nos sentimos cercados pelos efeitos que criamos ao mergulharmos fundo no mundo das facilidades e das ilusões.

Muitos, ao chegarem a essa triste realidade, ainda buscam desesperados as religiões que lhes oferecem a redenção sem sacrifícios, onde esperam lavar seus pecados no sangue do Cristo e ganhar os céus dizendo: Senhor... Senhor...

– É o medo intuitivo do futuro instalado no coração daqueles que prevaricaram e que, agora, temem que não haja tempo para corrigir seus erros. É isso que os arrasta para o histerismo religioso.

– Os homens vivem seus medos, suas esperanças, como quem vive acossado pelo tempo. Temem o futuro e não percebem que o futuro é agora; o que vivemos hoje continuaremos a viver amanhã. Viver bem agora quer dizer viver bem sempre. Aqueles que vivenciam o amor, continuarão a vivenciá-lo na sua eternidade. As virtudes não se desgastam e nem se perdem no tempo; são aquisições perenes que se incorporam às qualidades do Espírito.

Quando o ser humano estiver verdadeiramente espiritualizado, não acreditará mais em fórmulas mágicas e deixará de praticar rituais exteriores. Exercerá a sua espiritualidade de dentro para fora e terá por característica a simplicidade. Estará consciente de que os problemas e as dificuldades são inerentes ao processo evolutivo no qual está inserido. Não vai se desesperar jamais, e nem sairá em busca de soluções milagrosas. Saberá agir e confiar, guardando a certeza em seu coração de que a vida lhe dará segundo as suas obras. Estará sempre pronto para servir quando convocado pelas circunstâncias, o que lhe proporcionará um crescimento maior a cada oportunidade.

Em um mundo como o nosso, onde somos envolvidos por uma convivência irrestrita, renovar-se e tratar de nós mesmos revela uma profunda atitude de amor para com todos a nossa volta. Sim, pois se não estamos bem, não contribuímos para o bem dos outros; ao contrário, os prejudicamos ao envolvê-los direta ou indiretamente com o nosso mal. O equilíbrio psíquico, a educação e a saúde mental e espiritual são fundamentais para uma convivência sadia no regime de interdependência em que vivemos.

Estamos atravessando um período interessante. Por um lado, estamos assistindo a uma corrida em busca das religiões; por outro, as estatísticas constatam um número significativo de pessoas sem religião. O que leva essas pessoas a se distanciarem da religião?

– A fé religiosa é como qualquer outro sentimento que anima o ser humano. Pode se revestir de paixão, de ódio, de insensatez, de egoísmo e até mesmo de ciúmes, vindo a causar mais mal do que bem. Observamos isso claramente na história das religiões que o mundo conhece, foram muitas as guerras e flagelos ocasionados por questões e disputas religiosas.

– A incoerência entre o que propõe a fé e o que os religiosos praticam é gritante. Esse comportamento é que tem contribuído para afastar as pessoas das religiões, levando algumas a afirmarem que o grande entrave da evolução humana tem sido a Religião. Mas, embora exista toda essa realidade envolvendo as religiões, não podemos radicalizar; o mundo sem elas seria ainda pior.

Você crê que o espiritismo será a religião do futuro?

– Se será ou não, dependerá dos homens. Mas, uma coisa é certa: só o conhecimento que o espiritismo revela poderá garantir o futuro das religiões que, sem uma crença consistente e racional em Deus, acabarão sucumbindo no ridículo.

Até aqui, desenvolvemos diálogos abordando os vários aspectos da vida que nos induzem a compreender que viver realmente é como elaborar uma obra de arte.

– Você está certo, quando todos compreenderem o verdadeiro significado da vida, viver será como compor uma obra de arte. Gandhi afirmou:

"A arte da vida consiste em fazer da vida uma obra de arte".

Realmente! Somos todos artistas! Pintamos todos os dias as telas do nosso destino. Nosso ateliê é o mundo em que vivemos; o material e a inspiração emanam de tudo e de todos a nossa volta. Podemos nos tornar pintores vulgares, preocupados apenas com as paisagens do diminuto mundo do Eu, onde a sombra sem definição prevalece sobre as cores; ou podemos ampliar nossa arte, pintando com o pincel da fraternidade e do amor, as telas de uma humanidade abraçada aos conceitos de fé e de esperança, tendo como contorno a moldura da paz.

Na arte de pintar o destino, nossa mente gera a matriz cósmica. Nossos sentimentos dão o acabamento final, revestindo nossas obras de uma película de luz e ressaltando as cores alegres da felicidade; ou de uma película sombria, ressaltando as cores tristes da infelicidade. O espaço cósmico universal é a grande Galeria de Arte aonde nossos quadros vão sendo fixados, formando imenso painel delineando nosso futuro.

Deus é o grande patrocinador de todos os artistas que se expressam e evoluem na arte de viver. E, para a perfeita combinação entre cenários e artistas, a lei de causa e efeito surge como a grande empresária, agendando nossos compromissos e situando-nos nos lugares onde devemos nos apresentar, diante de um público selecionado de acordo com as imagens e fatos que devemos reproduzir nas telas que irão compor o acervo cultural e moral de nossas vidas, consolidando nosso destino.

A mensagem Cristã tem sido a grande musa inspiradora dos artistas bem sucedidos, cujos quadros ocupam um espaço especial na Galeria Cósmica de Arte. Jesus, o Mestre por excelência, imprimiu nas telas de Sua vida um quadro magnífico onde exalta as cores da felicidade construída com amor e sabedoria. A película de luz com que revestiu Sua obra tornou-a indestrutível, transformando-a num eterno modelo para o sucesso dos artistas em curso nos caminhos da evolução. Essa é a visão cósmica da nossa realidade que só o conhecimento espírita pode nos dar.

Mas, é justo reconhecermos que mesmo a fé cega teve o seu papel importante na evolução moral de muitos que se afirmaram homens bons e sábios, contribuindo a cada encarnação com o progresso humano.

– Sem dúvida, através dos séculos e das reencarnações que se seguiram no período da era Cristã, os simples de coração conseguiram enxergar o óbvio.

Apoiados na ciência da alma, revelada por Jesus, trabalharam as causas em si mesmos e se transformaram em benfeitores da humanidade. Com certeza, Albert Einstein foi um desses, pois nesta última encarnação impulsionou o progresso científico na Terra sem perder a simplicidade e a fé em Deus, virtudes conquistadas ao longo das suas encarnações.

Temos que dar a mão à palmatória: Deus sabe o que faz! Tudo tem o seu valor relativo aos períodos evolutivos do Homem, mesmo que mais tarde se tornem ultrapassados ou obsoletos, tiveram sua serventia. Não podemos condenar nossos antepassados por terem andado em carruagens tracionadas por animais, só porque hoje desfrutamos de luxuosos automóveis.

A Sublime Loucura...

Muitos ainda vêem os espíritas como loucos por acreditarem que existe vida além da morte. O que pensa sobre isso?

– Cristóvão Colombo foi chamado de louco porque acreditava na existência de um mundo para lá do oceano. Depois de confirmada sua crença, foi exaltado em sua glória. Os espíritas terão que ser os loucos deste e dos próximos séculos; porém, loucos que se sublimam ao ousarem viver fora das regras mundanas; loucos que chegam ao extremo de amar, perdoar e servir; loucos ao falarem de amor enquanto o mundo se arma para a guerra; loucos ao praticarem a caridade; enquanto o egoísmo prolifera gerando a miséria e a fome. Enfim, loucos por acreditarem que além do oceano da morte a vida continua.

Você tem razão. Será essa sublime loucura que irá ajudar a transformar o mundo em que vivemos e que acabará, finalmente, levando o Homem a conquistar a verdadeira sanidade: a sanidade espiritual!

Sabemos que esses loucos maravilhosos ainda enfrentarão muitas lutas dentro do próprio movimento. Nem mesmo os que caminham ao lado deles compreenderão a renúncia, a simplicidade e a coragem com que se entregaram a servir a humanidade. Mas, o trabalhador fiel é como o sol: tolera as nuvens sombrias sem lhes negar o calor, pois logo elas passarão e ele continuará brilhando na luz que reflete das suas obras.

– A verdade revelada pelo Consolador é semelhante ao sol: não tem lado obscuro, brilha por todos os ângulos. Não deixa espaço para interpretações dúbias. A clareza com que descortina a natureza espiritual do ser humano não impede que até os mais simples consigam compreendê-la.

– O semeador da luz precisa estar atento aos conceitos de espiritualidade que hoje transitam abertamente nos arraiais do nosso movimento, os quais contradizem a Codificação Espírita. Gandhi afirmou:

"O erro não se torna verdade por se difundir e multiplicar facilmente. Do mesmo modo que a verdade não se torna erro pelo fato de poucos enxergá-la. Nas questões de consciência a lei da maioria não conta."

Diz o ditado popular que a mentira tem as pernas curtas. Mas, uma coisa é certa: ela caminha mais rápido e é mais envolvente e atraente do que a verdade. A ilusão distrai a consciência das suas responsabilidades; por isso, em um mundo que vivencia uma busca insaciável pelos prazeres e facilidades, ela se torna tão atraente. Ao passo que a verdade, por nos vincular às responsabilidades morais e conscienciais, as quais nem todos estão dispostos a assumir, se torna muito menos atraente.

Nas questões da fé, devemos lembrar que as multidões são atraídas pelos sentidos e a minoria pela razão. Os aplausos da maioria não transformam a mentira em verdade.

É preciso muita cautela para saber o que e a quem estamos seguindo dentro do nosso movimento. A luz está naqueles que se apagam para que os outros possam enxergar.

Jesus afirmou:

"Porque vos digo a verdade não me acrediteis..."

"Onde estiver o cadáver, ali se juntarão as águias."

– O homem terá que aliar o cérebro ao coração para se adaptar a moral cristã orientada pelo Consolador Prometido. Os trabalhadores da última hora não poderão repetir o mesmo erro de outrora quando o Cristianismo foi entregue às elites que desvirtuaram suas sagradas finalidades.

Agora que dispomos de maiores informações sobre a vida além da vida, só não alcançaremos a compreensão evangélica se nos distanciarmos da luz que emana do Consolador.

Outrora, o histerismo religioso comprometeu a mensagem cristã; hoje, o histerismo intelectual e mediúnico parece turvar a mensagem consoladora do espiritismo cristão.

Não podemos propagar a fé raciocinada sem estimular os sentimentos com os quais ela deve se revestir, a fim de acionarmos nos corações a proposta de uma consistente renovação cristã. Distanciar do povo a mensagem consoladora do espiritismo, revestindo-a de uma característica acadêmica institucionalizada, transformando-a em uma cultura elitizada, é praticar uma impiedosa discriminação e uma profunda incoerência com suas bases doutrinárias.

– Você está certo. Os simples absorverão em seus corações a mensagem espírita na sua essência e se entregarão a uma renovação dos próprios sentimentos e, ao se decidirem por servir aos propósitos espíritas, exercerão uma prática sadia dos conceitos que emolduram os ideais a serem alcançados pela mensagem consoladora do espiritismo, ao passo que as elites colocarão suas próprias molduras na prática desses sublimes ensinamentos.

– No mundo espiritual é conhecida uma história que discorre sobre um acontecimento envolvendo Paulo de Tarso, o qual nos revela uma sábia atitude a ser tomada perante as elites que buscam privilégios e concessões descabidas. Vejamos:

> *"Estava ele próximo de Damasco em uma tarde escaldante e, enquanto tecia no seu tear que lhe garantia os recursos para trabalhar a palavra do Reino, acercou-se dele uma comitiva que representava os homens ilustres que compunham as elites do local. Um deles, que se destacava com luxuosa túnica e pedrarias valiosas, perguntou:*
>
> *– És tu, o grande apóstolo, daquele que dizem ter sido o enviado de Deus?*
>
> *Paulo, com os lábios ressecados pela poeira do deserto, olhou para aqueles homens bem trajados e respondeu:*
>
> *– Sim! Por que me procuram?*
>
> *– Na cidade de Damasco, existem mais de uma centena de comerciantes bem sucedidos e de alta linhagem que anseiam por saber mais detalhes sobre o Enviado que dizem ter ressuscitado.*
>
> *– Pois que venham ouvir-me. Estarei hoje à noite falando nas ruas e nas praças de Damasco.*

— Nossos senhores não se expõem à plebe, eles nos encarregaram de convidá-lo a passar três dias e três noites com eles em um dos seus palácios, onde poderá falar-lhes revestido de todo conforto.

— Diga aos seus senhores que não posso deixar a multidão ansiosa da palavra do Reino para ir atendê-los.

— Nossos senhores sabem das dificuldades que enfrentam as obras de caridade sustentadas pelas Igrejas que semeastes ao longo de suas peregrinações. Cada um dos senhores doará seiscentas moedas de ouro para ajudar no socorro aos necessitados que batem às portas de suas Igrejas.

Paulo continuou tecendo e se manteve calado. Diante do seu silêncio, o interlocutor retomou a palavra:

— Se o valor não é o suficiente, podemos discuti-lo.

Paulo levantou a cabeça e asseverou:

— Diga aos seus senhores que a caridade que praticamos não depende do muito de poucos, mas do pouco de muitos. Nem mesmo a caridade justificaria que eu me ausentasse da multidão sedenta da palavra do Reino para ceder privilégios a uns poucos. Meu Senhor pregou pelas ruas e praças e o bom cristão deve seguir suas pegadas.

Paulo guardou os fios no saco, levantou-se e, colocando o tear sobre ombros, virou-se para o interlocutor e afirmou:

– Vá e diga aos senhores que não basta abrir a bolsa e as portas dos palácios para receber a mensagem do Reino, é preciso abrir também seus corações.

À noite descia seu manto sobre a planície de Damasco, quando Paulo começou a pregar a palavra do Reino. A enorme multidão se acotovelava para ouvi-lo. Suas palavras evangélicas ecoaram até altas horas espargindo luz e consolo sobre os corações ali presentes. Após a brilhante explanação, conversou com alguns dos presentes que se declararam, a partir daquele momento, adeptos do Cristo e que ansiavam por servi-Lo. Paulo orientou-os e os advertiu sobre as lutas que iriam enfrentar para servirem ao Mestre.

A lua cheia brilhava nos céus de Damasco. As folhas das palmeiras umedecidas pelo orvalho refletiam sua luz prateada quando um pequeno grupo de homens se aproximou. Paulo reconheceu um dos que estiveram à tarde com ele, então lhe perguntou:

– Onde estão seus senhores?

– Apenas três deles se dispuseram a ouvi-lo em praça pública, aqui estiveram disfarçados entre a multidão. Os outros me ordenaram para segui-lo e esperar, pois acreditam que acabará aceitando a oferta que lhe fizeram.

Paulo meditou por alguns instantes e, em seguida, afirmou:

– No interesse de alguma coisa, existe o homem que quer e o homem que deseja. O que realmente quer, busca; o que apenas deseja, espera. Muitos neste mundo continuarão esperando o Messias, mas os que O buscavam já O encontraram."

– Paulo demonstrou uma inabalável segurança ao tomar sua decisão. Lembrou-se das palavras do Mestre quando foi abordado por Ele, ali mesmo na entrada de Damasco:

"Vá e aguarda até que eu te diga o quanto deverás sofrer pelo meu nome".

Temos que confessar que poucos estão dispostos a renunciar e sofrer como Paulo em favor da mensagem da Boa Nova.

Léon Denis não detinha nenhum diploma ou título acadêmico, porém a vida de lutas, a dor própria e alheia, o trabalho mal retribuído, as privações heróicas ensinaram-lhe a verdadeira sabedoria. Só um Homem desse calibre marcaria de forma tão profunda a sua participação na consolidação do Espiritismo. Com a simplicidade calcada na sabedoria, transitou no seio da intelectualidade sem abdicar do seu compromisso de esclarecimento público sobre os princípios superiores da vida. Embora todo o seu empenho doutrinário, a moral cristã, a instrução e a família, mereceram dele cuidados extremos.

São estes os temas que continuam reclamando maior esforço daqueles que realmente estão empenhados em combater as causas do sofrimento humano.

Há uns trinta e cinco anos passados, ao tomar conhecimento da sua sábia colocação, quando afirmou:

"O espiritismo será para o homem aquilo que os homens fizerem do espiritismo."

Senti uma certa tristeza e, na minha fé ainda inocente, questionei: será que Deus permitirá que os homens façam o que quiserem de uma verdade tão importante para a humanidade? Hoje, eu entendo o pensamento e a preocupação desse homem notável.

O espiritismo é uma Videira nova e reclama lavradores fiéis e experientes. Muitos lavradores ansiosos e despreparados em torno de uma planta, projetando sobre ela suas sombras, poderão impedi-la de absorver os raios do sol retardando seu frutos. Mas, eu acredito que, embora esses desencontros, o dono do campo está atento e a qualquer momento afastará os maus lavradores e arrancará as ervas daninhas que sugam a Videira.

– Tudo no universo vive e se movimenta envolto pelo magnetismo emanado pelo amor de Deus. Nada escapa ao Seu conhecimento. Temos que reconhecer a Sua infinita complacência aguardando que seus filhos marchem em Sua direção.

Apesar dos fundamentos da razão colocados pelo espiritismo ao esclarecer os conceitos evangélicos, ainda se percebe em algumas lideranças espíritas, uma resistência muito grande para reconhecer a essência cristã do espiritismo. Talvez seja uma postura preconceituosa, pois não podemos esquecer a forma como o Espírito de Verdade proclama o espiritismo no livro *Obras Póstumas*.

Muitos ainda não compreenderam que não basta o conhecimento espírita; é fundamental que através dele venhamos a desenvolver uma consciência espírita cristã.

As verdades reveladas pelos Espíritos superiores envolvem o ser humano com responsabilidades que não estão restritas apenas às questões doutrinárias, mas, principalmente, ligadas às questões da moral e dos sentimentos, que é o ponto alto das conquistas espirituais do ser humano. É um tema que não podemos tratar com frieza, pois abrange as questões da fé em Deus cultivada pela razão, a qual deverá resultar na transformação moral da humanidade.

Precisamos fortalecer a egrégora do pensamento espírita e acoplá-la à egrégora cristã, compondo a grande Egrégora espírita-cristã, que deverá unir a ciência, a filosofia e a fé em uma perfeita harmonia.

O espiritismo veio para revelar as causas e iniciar uma luta consistente contra elas e não apenas para humanizar o tratamento dos efeitos. Não basta aprimorar os métodos para se amparar uma goteira, é preciso consertar o telhado.

– Um Espírito protetor, ao comunicar-se com Kardec, afirmou:

"Não basta interditar o mal e prescrever o bem; é preciso que o princípio do bem e o horror ao mal morem no coração do Homem."

– Sobre a questão da moral que a cada dia se torna mais evidente, configurando-se como a necessidade mais importante a ser suprida pelo Homem, percebemos uma incontestável coerência entre o que afirmaram os sábios e o que ensinou Jesus e a incrível concordância com as revelações trazidas a baila pelo espiritismo.

Quando Albert Einstein toma por base os princípios da ciência fundamentada na lei da causalidade e explica a vida tomando a bola por símbolo, tem o mesmo significado das palavras de Jesus, quando afirmou:

"A cada um será dado segundo suas obras."

A ciência se baseia nas leis de causa e efeito onde é reconhecido que toda causa gera um efeito. Essa lei não se aplica apenas na física, envolve também as questões morais. Conhecedor dessa realidade, Albert Einstein sabiamente demonstrou isso quando usou o arremesso da bola como sendo a causa e o retorno da mesma como sendo o efeito. É assim que a vida responde às nossas atitudes, no presente ou no futuro, onde muitas vezes recebemos os efeitos na mesma ou nas próximas reencarnações. Lord Byron constantemente afirmava:

"Os espinhos que colho são da árvore que plantei."

Quando Einstein fala que viemos para uma breve visita, se reporta a condição transitória da vida na Terra. Ora, quem vem para uma breve visita, deve retornar para o lugar de onde veio. Nessa afirmação, ele revelou que era alguém consciente de que a vida é eterna, caso contrário, teria dito: vivemos por pouco tempo. Ou então, teria afirmado: temos uma vida breve.

– Dentro desses conceitos, podemos desenvolver uma vida mais sábia e mais consistente, projetando-nos em direção da nossa felicidade. René Descartes afirmou:

"Penso, logo existo."

Porém, eu afirmo: Sinto, logo vivo.

Para existir não é preciso pensar. As pedras também existem e não pensam; para viver, realmente, é preciso sentir profundamente a razão de se viver.

Durante todos os séculos e milênios que se passaram no panorama evolutivo do ser humano, poucos até agora viveram ou vivem de verdade. Quando Jesus se reportava aos mortos, não se referia aos sepultados, mas sim, aos inconsequentes e distraídos da verdadeira vida, chegando até a afirmar:

"Deixai aos mortos os cuidados de enterrar seus mortos."

Para quem vive realmente, não existe morte: a morte é tema apenas dos que seguem pela vida aparentemente vivos, mas que permanecem mortos espiritualmente.

Muitos vêem na morte a perda dos entes queridos, mas não percebem que a verdadeira perda acontece durante a vida quando nosso egoísmo, nossa indiferença e o nosso orgulho nos afasta dos que renasceram para conviver conosco envolvidos pelos laços da fraternidade e do amor.

Quantos pais perderam seus filhos nas mãos da marginalidade por não oferecerem o afeto e a confiança de um amor verdadeiro que liberta e educa sem o sentimento de posse. A morte só é morte para aqueles que durante a vida permaneceram mortos: continuarão mortos no mundo espiritual, submetidos às sombras da própria ignorância.

A ignorância inocente é perdoável. Jesus abraçou os simples de coração e caminhou com eles pelas ruas, mas não contemporizou com a hipocrisia refugiada nos templos, pois sabia que os hipócritas construiriam um mundo de mortos e não um mundo de vivos.

Aqueles que se esforçam para expressar o que não sentem e demonstrar o que não são, cobrem-se com a mortalha da hipocrisia e, embora sendo Espíritos eternos, vivem sepultados pela cegueira espiritual que não lhes permite enxergar a luz da verdadeira vida.

Viver com sabedoria e com plena consciência será o grande passo que os homens acordados pela fé raciocinada deverão dar para alcançarem a plenitude da vida, da paz e da felicidade. Vivemos o momento em que os verdadeiros espíritas-cristãos deverão sair das catacumbas da omissão para gritarem em bom som: O Cristo vive para os que estão vivos de verdade!

Agora, dispomos de maiores recursos de informação que nos permitirão corrigir os erros de interpretação com que obscureceram a mensagem do Cristo. O Espírito de Verdade afirma:

"No Cristianismo encontram-se todas as verdades; são de origem humana os erros que nele se enraizaram. Eis que do além-túmulo, que julgáveis o nada, vozes vos clamam: "Irmãos! Nada perece. Jesus Cristo é o vencedor do mal, sede os vencedores da impiedade."

– Com certeza, só proclamarão essas verdades os que realmente tiverem a coragem da fé e renunciarem aos interesses próprios e imediatos em favor da missão a que se destina a Mensagem Consoladora do Espiritismo.

Valioso Roteiro...

Sabemos que não será apenas o espiritismo que proporcionará o encontro do homem com Deus. Muitos já o encontraram, muito antes da revelação espírita. Mas, é inegável que o espiritismo surge para o homem moderno, – ressabiado e decepcionado com os descalabros praticados pelas religiões –, como uma valiosa bússola para direcionar o seu pensamento no rumo de uma consistente renovação de conceitos e sentimentos.

– O período da fenomenologia espírita fundamentada nos efeitos produzidos através de mediunidades especiais se encerrou ao cumprir sua elevada finalidade.

– Entramos agora no período dos fenômenos naturais inerentes à manifestação dos recursos intrínsecos à natureza espiritual do ser humano. O futuro nos reserva o esforço para a expansão dos sentidos além das barreiras físicas. Somente a elevação dos seus sentimentos permitirá ao ser humano interagir de forma consistente com a realidade etérea à sua volta. Nesse processo, teremos a luz sintonizando uma luz ainda maior, a qual se estende através das hierarquias cósmicas.

Quais seriam os fenômenos naturais?

– São muitas as realizações de ordem espiritual que estão ao alcance do Espírito reencarnado: o magnetismo curador suscitado pelos sentimentos nobres da caridade; a atuação telepática interagindo com o subconsciente ajudando no equilíbrio psíquico de pessoas necessitadas; o animismo resgatando recursos do eu mais profundo; o discernimento capaz de identificar de onde se originaram os efeitos, cujas causas nem sempre estão visíveis. Estes são alguns dos fenômenos naturais que se enquadram no próximo período evolutivo. Essa postura por parte dos espíritas desenvolverá uma consistente luta para se eliminar as causas que dão origem aos sofrimentos em todas as áreas da manifestação humana.

De que forma poderemos desenvolver tais faculdades?

– O aprimoramento moral e a fé serão elementos fundamentais para o desenvolvimento dessas faculdades embrionárias no ser humano. O aprimoramento moral remove os obstáculos das sombras em nós e a fé conduz à prática da experimentação, sem a qual, jamais saberemos do que somos capazes.

Realmente, Allan Kardec, na *Revista Espírita* de novembro de 1866, reconhece a importância do magnetismo de cura como valioso processo de divulgação e propagação do espiritismo:

"De todas as faculdades mediúnicas, a curadora vulgarizada é a que está chamada a produzir mais sensação, porque há, por toda parte, doentes em grande número, e não é a curiosidade que os atrai, mas a necessidade imperiosa de alívio. Mais que qualquer outra, ela triunfará sobre a incredulidade, tanto quanto sobre o fanatismo, que vê em toda parte a intervenção do diabo. A multiplicidade dos fatos forçosamente conduzirá ao estudo da causa natural e, daí, à destruição das ideias supersticiosas de feitiçaria, do poder oculto, dos amuletos, etc."

Mas, não é o que pensa a maioria dos dirigentes espíritas. Muitos afirmam que a cura de doentes não se enquadra na prática espírita, e que a sua divulgação é mais importante para levar a humanidade à devida transformação moral. Qual é a observação que poderia fazer em torno dessa opinião que parece se generalizar no movimento espírita?

– Através da primorosa divulgação realizada por João Batista, que anunciou largamente a sua presença na Terra, Jesus atraiu para junto de Si verdadeira multidão de sofredores. Entretanto, não os recebeu apenas com palavras e ensinamentos, socorreu-os para depois orientá-los sem nada exigir, apenas advertia:

"Vá e não peques mais."

– Essa deve ser a postura daqueles que buscam se aprimorar para servir aos elevados propósitos do Consolador Prometido.

– Jesus se serviu do magnetismo de cura para alcançar os corações convidados pela dor para o conhecimento da verdade. Tal foi o efeito dessa prática que acabou gravando nos corações humanos a sua inesquecível presença na Terra.

A psicofonia consciente tem demonstrado sua eficiência no auxílio de encarnados e desencarnados. Como você vê essa prática?

– A psicofonia nos médiuns inspirados só pode se dar de forma consciente. O nome atribuído a essa sensibilidade traduz a ação, ou seja, a fonia do psiquismo.

Neste caso, o sensitivo dá voz a manifestação do psiquismo do Espírito desencarnado, ou seja, registra suas emoções, suas angústias e sofrimentos e as traduz segundo o seu entendimento.

– Nessa modalidade de comunicação, os detalhes da personalidade e a identidade do Espírito que se manifesta, devem ficar à margem, pois não é ele que fala, mas sim o médium que se ressente das suas necessidades e emoções e as reveste de palavras para que o orientador identifique suas necessidades. Este sim, se tiver uma conexão bem desenvolvida com a espiritualidade que orienta a tarefa poderá intuitivamente saber de quem se trata ou a quem está ligado pelos laços psíquicos, podendo estender sua orientação também ao encarnado envolvido.

– Registrar o psiquismo de um Espírito que se aproxima, com o qual existe uma afinidade, é um acontecimento natural e muito comum ao ser humano, ocorre tanto nas reuniões de assistência aos desencarnados como no dia-a-dia da criatura. Para muitos, passa despercebido. Mas quando essa aproximação permanece por longo tempo, o encarnado se ressente dos mesmos males ou alegrias que animam ou deprimem o desencarnado.

Então, a prática da psicofonia é válida para socorrer encarnados e desencarnados?

– Todo esforço que empreendemos com bom senso para ajudar nossos irmãos em dificuldades, é sempre uma ação meritória que merece a atenção por parte dos Espíritos superiores que dirigem o movimento de espiritualização da humanidade.

Segundo suas orientações sobre a psicofonia, devo entender que a eficácia desse trabalho depende mais do bom senso e da sensibilidade do intérprete?

– O sensitivo muitas vezes peca pelo excesso de argumentação, deixando-se levar pelos impulsos da imaginação e do próprio psiquismo, isso revela as afinidades que tem com os pensamentos do Espírito desencarnado comunicante. Esse comportamento acaba dificultando o auxílio ao enfermo, impedindo-o de ouvir a orientação do encarnado que o esclarece. Em alguns casos, melhor seria que o sensitivo se mantivesse em silêncio, ajudaria muito mais ao desencarnado do que sustentar uma improfícua discussão com o orientador.

Por isso, percebemos em nossos trabalhos que cada um dos médiuns guarda uma característica própria no tipo de emoções que registram dos desencarnados que deles se aproximam. Às vezes, até confundem os orientadores, dando a impressão de que é sempre o mesmo Espírito que se faz presente. Isso implica nas afinidades?

– Sem dúvida! Mas, não é uma regra. Alguns casos demandam exaustivo trabalho em torno de um mesmo Espírito em sofrimento.

Com esse trabalho, podemos ajudar os encarnados que se ressentem da presença de um Espírito desencarnado que os assediam causando-lhes certos transtornos?

– Na maioria dos casos sim. Mas existem situações em que seria benéfico ao encarnado participar de uma reunião prática onde, influenciado pelas vibrações do ambiente, pudesse extravasar o próprio psiquismo e o do Espírito que a ele se associa, resultando em uma terapia altamente benéfica para ambos.

Essa manifestação não seria o indício de uma provável mediunidade a ser desenvolvida pelo encarnado?

– Essa simbiose psíquica, como já dissemos, é um fato muito comum aos encarnados. Quando ocorre por afinidades infelizes pode gerar graves transtornos psíquicos e emocionais. É um erro que se comete conduzindo essas pessoas para um suposto desenvolvimento mediúnico, o qual acabaria gerando conflitos interiores ainda maiores. Essas pessoas precisam de tratamento e de orientação moral e não de escola mediúnica. O fato de o Espírito se manifestar por ela estimulando o seu psiquismo, provocando um estado alterado de consciência, não significa que ela seja um médium na verdadeira acepção da palavra, mas, assinala uma forte ligação entre ambos por laços de afeição doentia ou de adversidades em busca de equilíbrio e reparação.

– Nessa prática, ambos são orientados simultaneamente, magnetizados pelo orientador e influenciados pela atmosfera psíquica do ambiente fraterno de orações, acabam alcançando o equilíbrio das suas emoções em poucas sessões dessa terapia ampliada aos dois planos da vida.

Após solucionado o problema, na grande maioria dos casos, geralmente, essas pessoas voltarão a uma vida normal sem que se configure nenhuma mediunidade especial de resgate ou missionária, como muitos apressadamente diagnosticam.

– Um trabalho dessa envergadura resulta ainda em benefícios surpreendentes estabelecidos pela manifestação anímica que ocorre quando o enfermo da alma manifesta o próprio psiquismo alterado, esvaziando o subconsciente dos traumas de outrora, o que acaba proporcionando-lhe um bem-estar inefável.

É uma terapia de grupo abrangente aos dois planos de vida que, no exercício do magnetismo, nos permitirá no futuro receber a visita da ciência acadêmica em nossas oficinas da alma, sem medo de cairmos no ridículo pela ausência dos feitos espirituais que durante mais de um século estamos apregoando.

De que forma o animismo pode ser trabalhado para efetivar o benefício que enumerou na resposta anterior?

– O magnetismo aplicado sobre o necessitado estimula a glândula pineal, acionando lembranças fragmentadas que se refletem em sensações, levando o encarnado a manifestar seu psiquismo mais profundo, onde as palavras amorosas de estímulo e educativas proferidas pelo magnetizador, são gravadas no subconsciente e contribuirão para levá-lo à libertação de uma auto-punição inconsciente, do medo, da depressão e de outros transtornos psíquicos, cujas causas residem no seu eu mais profundo.

Seria uma terapia mediúnica?

– Não se trata de uma terapia mediúnica. É uma ação espiritual dos encarnados dispondo das suas faculdades naturais desenvolvidas pelos sentimentos renovados e pelos ideais de caridade que os animam, formando valiosa parceria com os benfeitores espirituais dentro das afinidades que cultivam unidos pelos mesmos ideais nobres da caridade.

Como desenvolver o magnetismo?

– Todos dispomos de um certo magnetismo. Ele é neutro, nós é que lhe damos a propriedade segundo nossos sentimentos. À medida que nos aprimoramos e elevamos nosso padrão vibratório, nossa organização física e perispiritual sofrem alterações na constituição das células e moléculas, sutilizando os sistemas nervosos mais sensíveis. A camada isolante periférica da qual se reveste a rede nervosa sofre uma alteração substancial, permitindo que o organismo, sob a ação da mente aliada ao coração, libere uma quantidade considerável de magnetismo através dos órgãos que o direcionam, segundo a vontade que comanda. Muitos renascem com essa condição orgânica: são magnetizadores naturais. Poderão produzir tanto o bem como o mal; isso dependerá da sua moral e dos seus sentimentos.

Como identificar um magnetizador em potencial?

– Geralmente, as criaturas amorosas e bondosas são dotadas de um magnetismo benéfico, basta que creiam nas suas possibilidades e comecem a aplicá-lo para constatar seus resultados que, na continuidade da aplicação, se expandirão alcançando feitos surpreendentes. Geralmente, o magnetizador, em função da constituição nervosa alterada, se torna mais sensível à dor física, essa é também uma das características pela qual podemos identificá-lo.

Em face às suas orientações, percebo que já poderíamos ter avançado nessas realizações. Qual o motivo do retardamento? Onde está a dificuldade?

– A partir do momento que transformamos nossas oficinas da alma em escolas acadêmicas, abdicando da característica de templo da fé raciocinada Espírita-Cristã, o sentimento de religiosidade se esvaeceu de muitos corações. Devemos entender que as realizações nobres da fé não se restringem apenas ao conhecimento e, nem tão pouco, a forma. São dirigidas e sustentadas, principalmente, pelos sentimentos que animam o trabalhador.

– Em minhas experiências colhidas nos domínios da mediunidade, almas grandiosas destituídas de cultura, surpreenderam-me com suas realizações motivadas pela fé, atraindo para junto de si Espíritos luminares que usavam da sua meiguice e brandura para socorrer almas em aflição, contribuindo sobremaneira para a edificação da fé e da esperança nos corações desorientados.

– O movimento espírita para atingir suas elevadas finalidades precisa de trabalhadores dedicados ao crescimento e à elevação de si mesmos.

– Muitos dos que batem às nossas portas trazem consigo certas particularidades louváveis em seu caráter. Embora não possuam grandes conhecimentos, podem se transformar em eficientes colaboradores nas tarefas realizadas nas oficinas da alma, onde a fé é uma das mais valiosas ferramentas. Temos como exemplo os músicos que não conseguem entender a partitura, mas tocam divinamente seus instrumentos. Ficaria aqui horas enumerando exemplos semelhantes que exporiam as realizações do coração superando às da intelectualidade e, até mesmo, da inteligência e que atuaram em favor do progresso da humanidade revelando profunda sabedoria.

Como o plano espiritual vê o nosso movimento?

– Há uma preocupação geral nos planos espirituais ao se perceber falanges inumeráveis de Espíritos infelizes que se organizam e se especializam na dominação das vaidades humanas, afetando o movimento dos encarnados, de forma a suscitar a leviandade e a superficialidade no trato dos valores espirituais, transformando os redutos da fé em local de encontros rotineiros de criaturas afins.

Essa ação deletéria tem se refletido na literatura espírita, fomentando informações que nivelam os planos espirituais aos níveis das paixões e das infantilidades terrenas. As instituições sob a influência dessas forças contrárias e por interesses econômicos para ampliar suas estruturas materiais, acabam enfraquecendo as estruturas espirituais ao contribuírem para a proliferação de uma cultura equivocada dos valores espirituais.

Infelizmente, o campo receptivo das consciências encarnadas favorece essa ação infeliz, dificultando qualquer ação de nossa parte.

Devo entender que somente o tempo e os efeitos gerados pelos desencontros doutrinários poderão suscitar o devido aprimoramento do nosso movimento?

– Temos alguns elementos, em torno dos quais os Espíritos superiores trabalham para estabelecer algumas lideranças que poderão ajudar nas mudanças necessárias para o bom êxito do movimento. Mas, de um modo geral, só o tempo poderá cinzelar a ação dos encarnados no trato dos valores espirituais que nos foram entregues pelo Consolador para o esclarecimento da humanidade.

Existe uma outra questão: muitos são acusados de praticarem o igrejismo no nosso movimento. Como você vê essa definição tão usada por alguns espíritas?

– Devemos entender que o radicalismo de alguns, fundamentado em conceitos estreitos sobre as manifestações da fé, tem contribuído para a proliferação da ideia de que toda instituição que imprime religiosidade em seus trabalhos pratica o igrejismo.

Almas generosas entregues aos trabalhos da fé, aplicados no auxílio e no esclarecimento ao sofrimento humano, têm sido injustamente acusadas de praticarem o igrejismo. Não fora essas almas, que a cada dia se tornam mais raras, nós, Espíritos desencarnados, pouco poderíamos realizar em favor dos encarnados e, até mesmo, em favor da manutenção da essência doutrinária.

– Sob a égide dessa ideia levantada por alguns espíritas, muitos acabaram abdicando da religiosidade, um dos sentimentos que mais deveria proliferar nos corações engajados às oficinas espíritas. Não concordamos com a inserção de rituais e cerimônias religiosas em nosso movimento, mas somos a favor da prática de uma religiosidade consciente e esclarecida.

– Sabemos que muitas instituições, onde não há o esclarecimento, acabam por suscitarem um movimento igrejeiro onde as pessoas vão ao Centro Espírita da mesma forma como outrora acorriam às Igrejas, sem que isso causasse qualquer repercussão positiva no comportamento cotidiano. Porém, não podemos generalizar e confundir uma e outra postura. Em prolegômenos em *O Livro dos Espíritos*, há uma advertência assinada pelo Espírito de Verdade e por toda a sua equipe:

"A vaidade de certos homens, que julgam saber tudo e tudo querem explicar a seu modo, dará nascimento a opiniões dissidentes. Mas, todos os que tiverem em vista o grande princípio de Jesus se confundirão num só sentimento: o do amor do bem e se unirão por um laço fraterno, que prenderá o mundo inteiro. Estes deixarão de lado as miseráveis questões de palavras, para só se ocuparem com o que é essencial. E a doutrina será sempre a mesma, quanto ao fundo, para todos os que receberem comunicações de Espíritos superiores."

– Administrar as diferenças em torno do mesmo objetivo ainda é o grande desafio do ser humano.

Concordo, mas as diferenças devem ser superadas quando existe um ideal cujo interesse se destina ao benefício da coletividade maior, principalmente, se as diferenças comprometem a estrutura do ideal, vindo a prejudicar os objetivos a serem alcançados.

– Certamente, ao se tratar do interesse coletivo, a tolerância não pode se estender além do que a razão pode suportar, sem correr o risco de se tornar conivente com conceitos que ferem as bases que orientam tais objetivos.

Como vê a prática dos passes?

– O passe é um dos recursos espirituais cuja prática está ao alcance de qualquer inteligência voltada para o bem do próximo. Não requer conhecimentos científicos, aptidões especiais e nem de técnicas, apenas a fé e uma vontade firme de ajudar os necessitados de toda sorte. A imposição pura e simples das mãos, quando sustentada pela fé e pelo sentimento de caridade, compõem os ingredientes indispensáveis para atrair os bons Espíritos para que compartilhem dessa ação benemérita, promovendo o bem-estar e o alívio daqueles que recorrem desse recurso.

É necessário que seja praticado em recinto específico?

– Por se tratar de uma ação fundamentada no trato dos fluidos, e não do magnetismo, e que depende muito mais da colaboração dos bons Espíritos, quanto possível, seria de bom alvitre que o local fosse preservado de atividades corriqueiras, o que permitiria consolidar e manter uma psicoesfera inalterada proporcionando resultados mais consistentes.

Existe algum tipo especial de passe?

O passe é um só. O que existe são pessoas especiais, cujo amor com que se entregam a essa prática resultam em grandes benefícios em favor dos necessitados.

Qual seria o perfil ideal na composição das tarefas que deveriam ser realizadas em nossas instituições?

– Promover o esclarecimento público de forma simples e compreensível a todos os níveis de cultura, despindo a oratória de frivolidades que possam comprometer a mensagem; prestar socorro às necessidades espirituais e psíquicas daqueles que batem às portas da caridade, porém, sem afastá-los do tratamento convencional que porventura estejam se submetendo; promover a assistência social a medida do possível, sem imposições e sem questionar a fé dos necessitados; abolir qualquer regra ou disciplina que cause constrangimentos ou discriminação para os que recorrem dos benefícios dos trabalhos da instituição; a manutenção da simplicidade na aplicação dos recursos espirituais, despindo-os de qualquer misticismo, formalidades ou técnicas inócuas; receber carinhosamente tantos quantos vierem convidados pela dor ou, até mesmo, pela curiosidade, prestando-lhes a orientação amiga e fraterna sem proselitismos e sem a preocupação de provar nada a ninguém.

Essa descrição realmente fornece uma imagem de um reduto de amor e de legítima fraternidade compondo um verdadeiro ambiente cristão. Um dia, todos nos enquadraremos nesse perfil?

– Os que ainda não se enquadraram terão que se enquadrar sob pena de sofrerem profundas decepções no futuro. Precisamos reavaliar o que estamos realizando em nossos agrupamentos, principalmente, no que se refere às manifestações mediúnicas que agora dependem muito mais da sintonia do que de uma disposição orgânica.

– Os Espíritos superiores não mais pegarão em vossas mãos para escreverem, não mais se materializarão à vossa frente, aguardarão que se elevem até eles para então estabelecerem uma parceria que redundará em valiosos benefícios para a humanidade.

Realmente, se nos elevarmos moralmente no futuro, gozaremos de maior liberdade espiritual e poderemos nos desdobrar para fora do corpo para nos inteirarmos da amplidão sobre a qual se estende o nosso verdadeiro lar e para nos orientar com os amigos superiores.

Hoje, ainda é rara essa prática e existem algumas dúvidas entre os estudiosos do assunto. Alguns dizem que ao se exercitar o desdobramento, o corpo perispiritual não acompanha o Espírito e que, o que ocorre é apenas uma projeção mental.

Porém, uma projeção mental só pode ocorrer quando o ponto para onde nos projetamos é de nós conhecido. Então, fica a pergunta: como poderei projetar-me mentalmente para um lugar que ignoro? A projeção mental está limitada a condições especiais, por exemplo: uma delas ocorre quando uma pessoa, estando muito preocupada com alguém que lhe é familiar, projeta-se mentalmente na direção desse alguém e a sua presença poderá até ser registrada através de sensações ou, até mesmo, visualizando a imagem mental projetada. Isso não significa que tal projeção seja um corpo de manifestação, pois sabemos que só através do perispírito é que podemos nos manifestar no plano espiritual.

Conheço um caso que retrata muito bem essa realidade: uma mãe, todas as noites, ao deitar-se, orava pela sua filha que dormia no quarto ao lado. Mentalmente, ela imaginava sua filha no leito e a acariciava enquanto orava. Por várias vezes, pela manhã, a filha perguntou-lhe: Mãe, a senhora esteve no meu quarto ontem à noite? Isso é uma projeção mental intensa, cuja percepção aconteceu através da sensação que a filha teve de que sua mãe ali esteve. Não houve uma interação ou conversação entre elas, fato que só poderia ocorrer se as duas estivessem em desdobramento durante o sono. Através da projeção mental podemos nos fazer sentir somente nos ambientes e nas pessoas que conhecemos. É óbvio que, mentalmente, não podemos percorrer um espaço ou lugar desconhecido, ou investigar qualquer particularidade desse lugar, muito menos, interagir com pessoas mesmo que sejam de nós conhecidas. É importante que ressaltemos que o perispírito é o elemento intermediário que possibilita a manifestação física e espiritual da mente. Sua essência é maleável, etérea, e obedece ao domínio mental que exercemos sobre ela, não estando subordinada às leis da física à que se submetem os corpos sólidos.

Sua capacidade de expansão e retração diferem em muito da dilatação da matéria densa exposta às intempéries. A energia que o constitui está em estado plasmático e vibra segundo o que o Espírito pensa e sente; isto é que lhe dá a forma e a sutilidade ou a densidade. Com ele, o Espírito se manifesta no plano espiritual e viaja no espaço afora, mesmo estando ligado ao corpo físico, possibilitando o fenômeno do desdobramento.

Segundo Allan Kardec, estaremos sempre ligados a esse maravilhoso equipamento que se ajusta e se amolda às novas características evolutivas que vamos alcançando. Sua elasticidade e maleabilidade obedece às necessidades do Espírito, tal é, que podemos percorrer longas distâncias indo a lugares inimagináveis sem perdermos o contato com o nosso corpo, o qual é mantido através de um liame que, na verdade, é uma dilatação do corpo perispiritual e serve como condutor eletromagnético por onde transitam as nossas ondas mentais que nos prendem ao compromisso reencarnatório.

É assim que ocorre o desdobramento. Todos nos desdobramos durante o sono, mas poucos são os que conseguem interagir de forma consciente com esse fenômeno, trazendo as lembrança para o plano físico.

Quando se torna importante para a nossa evolução tomarmos conhecimento de um fato através de um desdobramento, com certeza nossos amigos espirituais estarão monitorando nossa saída do corpo, conduzindo-nos ao lugar certo e na hora certa.

Tanto a projeção mental quanto o desdobramento são faculdades importantes para trabalharmos o auxílio à distância, pois ao projetar-nos diante da pessoa, estaremos impregnando-a com o nosso magnetismo.

Estamos entrando em um período dentro do movimento espírita em que necessitamos muito mais de mentes iluminadas do que de médiuns.

Temos que aguçar o nosso discernimento a fim de que possamos estar realmente sintonizados com o plano espiritual superior contribuindo para o engrandecimento do espiritismo. Agora, mais do que nunca, precisamos nos unir em torno dos objetivos a serem alcançados para que a nossa voz seja uníssona na convocação das responsabilidades humanas em torno da renovação dos sentimentos, principal objetivo a ser alcançado para a efetiva regeneração da humanidade.

– Vivemos um período consciencial agudo, onde as mentes comprometidas de outrora, ansiosas pela paz em suas consciências buscam desesperadas o abrigo da fé. Desiludidas com os templos da ociosidade, aportarão em maior número em nossas oficinas da alma. Precisamos nos preparar para recebê-los carinhosamente com a mensagem esclarecedora e consoladora do Evangelho Redivivo, restaurando as esperanças, socorrendo e enxugando lágrimas à semelhança de pronto-socorros improvisados pela misericórdia divina em meio ao sofrimento humano. Consequentemente, estaremos conduzindo essas almas a um novo estado de consciência, ressuscitando-os para a verdadeira vida.

Realmente. Se nos descuidarmos das responsabilidades que assumimos com o Cristo através do conhecimento que nos foi legado pelo Consolador, seguiremos como os doutores da lei, multiplicando e ampliando os templos improdutivos que servirão apenas para promover encontros fraternos das vaidades humanas em torno do espiritismo.

Nosso estimado benfeitor Dr. Bezerra de Menezes, no livro *Dramas da Obsessão*, psicografado pela médium Yvone A. Pereira, descreve o ambiente ideal que deve predominar nas instituições espíritas, a fim de alcançarem as realizações louváveis a que se destinam. Vejamos:

"As vibrações disseminadas pelos ambientes de um Centro Espírita, pelos cuidados dos seus tutelares invisíveis; os fluidos úteis, necessários aos variados quão delicados trabalhos que ali se devem processar, desde a cura de enfermos até a conversão de entidades desencarnadas sofredoras e, até mesmo, a oratória inspirada pelos instrutores espirituais, são elementos essenciais, mesmo indispensáveis a certa série de exposições movidas pelos obreiros da imortalidade a serviço da Terceira Revelação. Essas vibrações, esses fluidos especializados, muito sutis e sensíveis, hão de conservar-se imaculados, portanto, intactas as virtudes que lhes são naturais e indispensáveis ao desenrolar dos trabalhos, porque, assim não sendo, se mesclarão de impurezas prejudiciais aos mesmos trabalhos, por anularem as suas profundas possibilidades. Daí porque a Espiritualidade esclarecida recomenda, aos adeptos da Grande Doutrina, o máximo respeito nas assembleias espíritas, onde jamais deverão penetrar a frivolidade e a inconsequência, a maledicência e a intriga, o mercantilismo e o mundanismo,

o ruído e as atitudes menos graves, visto que estas são manifestações inferiores do caráter e da inconsequência humana, cujo magnetismo, para tais assembleias e, portanto, para a agremiação que tais coisas permite, atrairá bandos de entidades hostis e malfeitoras do invisível, que virão influir nos trabalhos posteriores, a tal ponto que poderão adulterá-los ou impossibilitá-los, uma vez que tais ambientes se tornarão incompatíveis com a Espiritualidade iluminada e benfazeja.

Um Centro Espírita onde as vibrações dos seus frequentadores, encarnados ou desencarnados, irradiem de mentes respeitosas, de corações fervorosos, de aspirações elevadas; onde a palavra emitida jamais se desloque para futilidades e depreciações; onde, em vez do gargalhar divertido, se pratique a prece; em vez do estrépito de aclamações e louvores indébitos se emitam forças telepáticas à procura de inspirações felizes; e, ainda onde, em vez de cerimônias ou passatempos mundanos, cogite o adepto da comunhão mental com seus mortos amados ou seus guias espirituais. Um Centro assim, fiel observador dos dispositivos recomendados de início pelos organizadores da filosofia espírita, será detentor da confiança da Espiritualidade esclarecida, a qual o elevará à dependência de organizações modelares do Espaço, realizando-se então, em seus recintos, sublimes empreendimentos, que honrarão os seus dirigentes dos dois planos da vida. Somente esses, portanto, serão registrados no além-túmulo como casas beneficentes, ou templos do Amor e da Fraternidade, abalizados para as melindrosas experiências espíritas, porque os demais, ou seja, aqueles que se desviam para normas ou práticas extravagantes ou inapropriadas, serão, no Espaço, considerados meros clubes onde se aglomeram aprendizes do espiritismo em horas de lazer."

– O espiritismo é a bússola que nos orienta no caminho do Cristo. Mas, para segui-lo é preciso construir a humildade em nossos corações. Ela é a pedra angular do edifício da sabedoria! É o sustentáculo para a verdadeira ascensão do espírito humano e o principal caminho para a felicidade. Sem a humildade, não enxergamos o óbvio e, mesmo diante da verdade, acabamos por não reconhecê-la.

Não podemos esquecer que entramos agora em novos oceanos dos séculos onde os recifes de corais, alimentados pelo lixo dos nossos abusos, dificultam a navegação nos mares da nossa existência.

Muitos, receosos pelo vento que agora agita suas embarcações denunciando a tempestade que se aproxima, contratarão carpinteiros para esculpirem carrancas na popa de suas embarcações, tentando afastar os maus presságios; porém, será em vão. Se não entregarem seus corações ao Filho do Carpinteiro, naufragarão nas ondas revoltas do egoísmo e da insensatez, mergulhando em novos séculos de sofrimentos em oceanos distantes do orbe terrestre.

– A Doutrina Espírita é o farol colocado pelo Cristo entre os recifes de corais para orientar os navegantes. Precisamos mantê-lo aceso para que sua luz brilhe com toda a intensidade na escuridão dos mares deste século de grandes provações, de tal forma, que possa ser visto, até mesmo, pela tripulação das pequenas embarcações que seguem a estibordo e a bombordo da esquadra mundial.

Em 5 de novembro de 1938, Chico Xavier, recebeu uma mensagem de Humberto de Campos, a qual foi inserida no livro *Novas Mensagens*, editado pela FEB, na qual ele descreve um importante conclave realizado pelos Espíritos superiores envolvidos na tarefa do Consolador. Assim, ele descreve:

"Numerosos companheiros de Allan Kardec já haviam regressado às luzes da espiritualidade, quando inúmeras entidades do serviço de direção dos movimentos espiritistas no planeta deliberaram efetuar um balanço de realizações e de obras em perspectiva, nos arraiais doutrinários, sob a bênção misericordiosa e augusta do Cordeiro de Deus.

Vivia-se, então, no limiar do século XX, de alma aturdida ante as renovações da indústria e da ciência, aguardando-se as mais proveitosas edificações para a vida do globo.

Falava-se aí, nesse conclave do plano invisível, com respeito à propagação da nova fé, em todas as regiões do mundo, procurando-se estudar as possibilidades de cada país, no tocante ao grande serviço de restauração do Cristianismo, em suas fontes simples e puras.

Após várias considerações em torno do assunto, o diretor espiritual da grande reunião falou com segurança e energia:

– Irmãos de eternidade: no mundo terrestre, de modo geral, as doutrinas

espiritualistas, em sua complexidade e transcendência, repousam no coração da Ásia adormecida; mas, precisamos considerar que o Evangelho do Divino Mestre não conseguiu ainda harmonizar essas variadas correntes de opinião do espiritualismo oriental com a fraternidade perfeita, em vista das nações do Oriente se encontrarem cristalizadas na sua própria grandeza há alguns milênios.

Em breve, as forças da violência acordarão esses países que dormem o sono milenário do orgulho, numa injustificável aristocracia espiritual, a fim de que se integrem na lição da solidariedade verdadeira, mediante os ensinamentos do Senhor!...

Urge, pois, nos voltemos para a Europa e para a América, onde, se campeiam as inquietações e ansiedades. Existe um desejo real de reforma, em favor da grande cooperação pelo bem comum da coletividade. Certo, essa renovação é sinônima de muitas dores e dos mais largos tributos de lágrimas e de sangue; mas, sobre as ruínas da civilização ocidental, deverá florescer no futuro uma sociedade nova, sobre a base da solidariedade e da paz, em todos os caminhos dos progressos humanos... Examinemos os resultados dos primeiros esforços do Consolador no Velho Mundo!... E os representantes dos exércitos de operários, que laboram nos diversos países da Europa e da América, começaram a depor, sobre os seus trabalhos, no congresso do plano invisível, elucidando-os sinteticamente:

— A França — exclamava um deles — berço do grande missionário e codificador da doutrina, desvela-se pelo esclarecimento da razão, ampliando os setores da ciência humana, positivando a realidade de nossa sobrevivência, através dos mais avançados métodos de observação e de pesquisa. Lá se encontram ainda numerosos mensageiros do Alto, como Denis, Flammarion e Richet, clareando ao mundo os grandes caminhos filosóficos e científicos do porvir.

— A Grã Bretanha — afirmava outro — multiplica os seus centros de estudo e de observação, intensificando as experiências de Crookes e dissolvendo antigos preconceitos.

— A Itália — asseverava novo mensageiro —

teve com Lombroso o início de experiências decisivas. O próprio Vaticano se interessa pela movimentação das ideias espiritistas, no seio das classes sociais, onde foi estabelecido rigoroso critério de análise, no comércio, com os planos invisíveis para o homem terrestre.

– A Rússia, bem como outras regiões do Norte – prosseguia outro emissário – conseguira com Aksakof a difusão de nossas verdades consoladoras. Até a corte do Czar se vem interessando nas experimentações fenomênicas da doutrina.

– A Alemanha – afirmava ainda outro – possui numerosos físicos que se preocupam cientificamente com os problemas da vida e da morte, enriquecendo os nossos esforços de novas expressões de experiência e cultura...

Iam as exposições a essa altura, quando uma luz doce e misericordiosa inundou o ambiente da reunião de sumidades do plano espiritual. Todos se calaram, tomados de uma emoção indizível, quando uma voz, augusta e suave, falou, através das vibrações radiosas de que se tocava a grande assembleia:

– Amados meus, não tendes para a propagação da palavra do Consolador, senão os recursos da falível ciência humana? Esquecestes que os excessos do raciocínio prejudicaram o coração das ovelhas desgarradas do grande rebanho? Não haverá verdade, sem humildade e sem amor, porque toda a realidade do Universo e da vida deve chegar ao pensamento humano, antes de tudo, pela fé, ao sopro dos seus resplendores eternos e divinos!... Operários do Evangelho: excelente é a ciência bem intencionada do mundo, mas não esqueçais o coração, em vossos labores sublimes... Procurai a nação da fraternidade e da paz, onde se movimenta o povo mais emotivo do globo terrestre, e iniciai aí uma tarefa nova. Se o Cristo edificou a sua igreja sobre a pedra segura e inabalável da fé que remove montanhas e se o Consolador significa a doutrina luminosa e santa da esperança de redenção suprema das almas, todos os seus movimentos devem conduzir à caridade, antes de tudo, porque sem caridade não haverá paz, nem salvação para o mundo que se perde!...”

Essa manifestação de Humberto de Campos foi profética, pois estamos assistindo a violência sacudindo quase toda a Ásia.

O Oriente, apesar da cultura espiritualista parece naufragar nas guerras e nos massacres praticados nas disputas internas. Isso deixa patente que o espiritualismo sem a orientação da Moral-Cristã, permanece apenas ocupando o lugar de filosofia como outras tantas existentes em nosso planeta. Apesar de deterem algum conhecimento espiritual, muito pouco conseguem influenciar a renovação capaz de desenvolver a verdadeira espiritualidade.

Por outro lado, percebemos que o entusiasmo da ciência em torno da realidade do Espírito na Europa esfriou e não deixou nem mesmo um rastro consistente. Com isso, mais uma vez, se confirma a fé raciocinada como o caminho para a compreensão maior da vida para os Espíritos em resgate e ascensão.

– Sem dúvida! A verdade antes de tudo é sentida pelo coração para depois acionar os mecanismos da busca pela compreensão. O coração é a porta por onde entram os primeiros laivos da sabedoria. É aí, no reduto dos sentimentos, que se estabelece a conexão com a realidade cósmica por onde alcançamos o mais profundo discernimento.

Eu não tenho dúvidas de que o Brasil é a pátria da fraternidade a que se referiu o benfeitor. Com certeza será o berço da civilização espiritualizada e, não apenas, espiritualista e que predominará no futuro. A caridade, a fraternidade e a fé são abundantes no coração dos brasileiros.

Como você define a caridade?

– Caridade é a dama do Evangelho e a rainha da Luz! Difícil explicá-la na sua plenitude. Caridade é a alquimia que transforma os elementos. Sob os auspícios desse sentimento, um simples pedaço de pão doado com amor pode se transformar em luz para quem o recebe. Enquanto existir a fome, a miséria e a dor na Terra, a generosidade será sempre uma atitude de amor na sua mais profunda expressão. Por outro lado, aqueles que trabalham o esclarecimento para eliminar as causas de todos esses infortúnios exercendo a comunicação esclarecedora, praticam a mais alta expressão da caridade revestida de sabedoria e amor. Ambos os campos de atuação da caridade cristã requerem em serviço almas nobres e corajosas, dotadas dos sentimentos elevados.

– Temos que reconhecer este mundo como um celeiro de oportunidades para a elevação espiritual do ser humano, principalmente, neste século que se inicia, trazendo grandes desafios para o crescimento humano.

– Com certeza, vivemos um momento importante na evolução planetária. Os dias, ante o frenesi que se apodera da mente humana, se diluem rapidamente, convocando o Homem para uma integração mais sábia com a realidade a sua volta.

O mundo marcha para períodos de provações maiores?

– Estamos às portas de novos horizontes, onde a Terra se desvinculará da condição expiatória em que se encontram os seus habitantes. O mundo espiritual se apressa em trabalhar as mudas que deverão florescer nos jardins humanos da nova era. Mas, a maioria ainda está na estufa, submetendo-se ao calor das provações, a qual deverá elevar a sua temperatura para esterilizá-las das impurezas que ainda permanecem comprometendo o seu desenvolvimento. Muitas delas, depois de amadurecerem no calor das provações necessárias e se manterem adubadas pela fé raciocinada e obedientes ao cultivo do Consolador, surgirão como magníficos exemplares, destacando-se pela qualidade dos frutos que produzirão.

– Estas receberão a incumbência de produzirem o pólen da fé e da razão que fertilizará as plantas ainda dispersas e distantes do Jardineiro Divino, fortalecendo-as para frutificarem nos jardins que deverão compor as paisagens do Novo Mundo.

E aquelas que perseverarem na condição de ervas daninhas, ameaçando a composição dos jardins do futuro?

– Estas serão transplantadas para terrenos adequados distantes do orbe terrestre, onde deverão sofrer as renovações necessárias, até que se transformem em plantas frutíferas.

Bibliografia...

Ciência e Religião. EINSTEIN, Albert.

Título original: "Out of my later years".

New York: Citadel Press, 1950.

Escritos da Maturidade: artigos sobre ciência, educação, relações sociais, racismo, ciências sociais e religião. EINSTEIN, Albert.

Tradução de Maria Luiza X. de A. Borges

Rio de Janeiro: Editora Nova Fronteira, 1994.

HISTÓRIA DA EVOLUÇÃO ESPIRITUAL DA HUMANIDADE - **TRILOGIA**

Os Exilados da Capela
Edgard Armond
14x21 cm | 176 Pág.

A formação e evolução das raças no planeta Terra. Obra extraordinária que cuida das grandes indagações dos homens acerca do início da humanidade.

Na Cortina do Tempo
Edgard Armond
14x21 cm | 128 Pág.

Sobreviventes salvos da Atlântida preservam seus conhecimentos destinados à posteridade.

Almas Afins
Edgard Armond
14x21 cm | 160 Pág.

A trajetória de Espíritos afins desde a submersa Lemúria até os dias atuais.

UMA OBRA DE **NELSON MORAES**

Autor: Nelson Moraes

Gênero: Espiritismo
14 x 21 cm | 128 páginas

Perdoa-me, se na minha ignorância feri você. Talvez eu tenha sido um crítico muito severo, detendo-me apenas nas observações dos seus erros e falhas, esquecendo das enormes qualidades que você possui.

Tive olhos para ver o argueiro em você, sem perceber a trave empanando-me a visão. Reconheço em mim algumas das fraquezas que encontrei em você, portanto, jamais poderia ter atirado a primeira pedra.

Compreendo, agora, que todos estamos matriculados na escola da vida, na condição de eternos aprendizes e que somos passíveis de erros e falhas, por isso mesmo lhe preço, perdoa-me.

OBRAS DE **EVANGELIZAÇÃO INFANTO-JUVENIL**

Programas de aulas para evangelização

Com temas propostos, incentivação inicial, atividades diversas e centenas de ilustrações.

Maternal

176 páginas

Jardim

A - 352 páginas

B - 352 páginas

C - 336 páginas

Intermediário

A - 232 páginas

B - 264 páginas

Primário

A - 292 páginas

B - 288 páginas

C - 256 páginas

UMA OBRA DE **SAARA NOUSIAINEN**

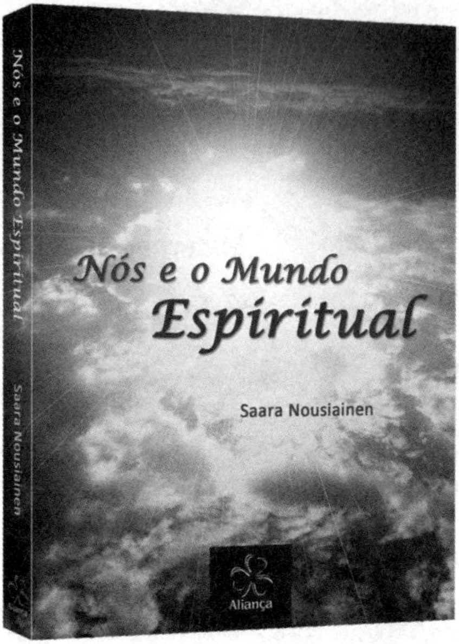

Autor: Saara Nousiainen

Gênero: Espiritismo
11 x 15 cm | 208 páginas

Tudo sobre o mundo espiritual e seu inter-relacionamento conosco, nos milenares processos evolutivos do ser humano e da vida.

- **Para onde vamos depois da morte.**
- **As leis cósmicas.**
- **Obsessão.**
- **Mediunidade.**
- **A reencarnação.**
- **O mundo espiritual.**
- **O que são espíritos sofredores.**

Os ensinamentos de Jesus sob nova ótica e muitas outras questões.

"Há choro dentro da noite...
É o doloroso gemido
De pobre recém-nascido
Que não encontra lugar...

Mãos insensíveis sufocam
Pequenina flor humana...
É o aborto, em lide insana,
Ferindo a Lei sem pensar...

...Irmãos da Terra, escutem! ...
Detende a marcha do aborto
Estendei vosso conforto
Aos companheiros do Além! ..."

Maria Dolores

Campanha de Preservação da Vida
EDITORA ALIANÇA
Tema: ABORTO